Marlene Toussaint
MATO-VERLAG

Engel

und die Verstorbenen sind unter uns!

AF146774

Mato Verlag: Memmingen/Allgäu
Am Geisberg 6, 87779 Trunkelsberg

Tel.-Fax: 08331-49 44 45
Mobil: 0170 942 9572

ISBN: 978-3-936795-98-1
Internet-Adresse - www.mato-verlag.de

Engel und die Verstorbenen sind unter uns!

Ich habe meinen Engel gesehen und möchte Ihnen davon berichten. Dieses Buch ist auch ein Dankeschön an meinen Schutzengel für das Einmalige und für mich unvergessliche Geschenk, das er mir gemacht hat.

Dieses Buch widme ich meinem Vater, der am 31. Januar 1984 verstarb und von dem ich mich nicht mehr verabschieden konnte. Er zeigt mir aber immer wieder, wenn ich traurig bin, dass es ihn noch gibt.

Wir sind nur auf der Welt, um einander zu lieben und um Gutes zu tun. Sollten wir dies nicht verstanden haben, müssen wir immer wieder kommen. Einmal, zweimal, dreimal, eben so oft, bis wir gelernt haben, was unsere Aufgabe auf dieser Erde ist und bis wir unsere Pflicht erfüllt haben. Fangen wir also damit an! Heute!

Vorwort

Ich habe lange überlegt, ob ich dieses Buch überhaupt schreiben soll. Denn alles was der Mensch nicht mit eigenen Augen sehen oder fühlen kann, wird als Spinnerei abgetan. Aber auch Gedanken sind vorhanden und wir können sie nicht sehen! Die schlimmen Ereignisse der letzten Jahre: Erdbeben, Überschwemmungen, der 11. September 2001 oder der Afghanistan-Krieg und der Krieg gegen den Irak gaben mir den Mut und die Kraft von dem zu berichten, was vielleicht ganz vielen Menschen helfen kann, wieder an Gott mit seinen Helfern, den Engeln, und an die Tatsache zu glauben, dass die Verstorbenen nicht tot sind.

Noch nie in der Geschichte waren die Nationen so gespalten wie bei der Entscheidung Krieg gegen den Irak oder nicht. Auch ich war mehr als verwirrt und wie gelähmt, als der Krieg tatsächlich ohne UN-Mandat ausbrach. Wochenlang habe ich gebetet und gehofft, dass jeder einlenken würde, aber wie auch bei vielen anderen Menschen wurde meine Hoffnung zunichte gemacht, als der Krieg gegen den Irak am 20. März 2003 begann. Täglich sah ich im Fernsehen wie unschuldige Kinder, Frauen und Männer sterben mussten. Sah die Schmerzen der Mütter in den USA und England oder bei anderen Verbündeten und im Irak, wenn sie erfuhren, dass sie das Liebste verloren haben, was sie hatten, nämlich ihr Kind, für das sie nur das Beste wollten.

Auch die Politiker wollten nur das Beste. Aber wie kann es das Beste sein, wenn so viel Schmerz über so viele Menschen kommt? Präsident Bush und Saddam führen einen Krieg im Namen **Gottes!** Aber Gott ist nicht Krieg, Gott ist Liebe, Friede und Verzeihen! Für alles gibt es eine Lösung auch für die Erhaltung des Friedens. Aber wo ist der Wille der Politiker? Vorrangig sind die eigenen Interessen, die so ausgeschmückt werden, als gäbe es kein anderes Mittel als Krieg. Das Volk, bzw. die Völker demonstrieren für den Frieden, aber sie werden übergangen. Die Regierungen verfolgen rücksichtslos gesteckte Ziele, ohne auf ihr Volk zu hören. Wir, die Menschen und die Betroffenen, müssen hilflos und ohnmächtig zusehen.

Was sind das für Kriege, wo alte Männer, junge Männer und Frauen, die ihr Leben noch vor sich haben, in den Krieg schicken? Gehören die Politiker, die diese Befehle erteilen, nicht an die vorderste Front? Nein, diese Politiker verstecken sich und sind sehr gut vor feindlichen Angriffen geschützt. Siehe Saddam oder Osama bin Laden, das Volk stirbt, aber ihnen geht es noch immer gut. Ist es das, was wir wollen?

Auch das Seebeben in Asien, bei dem am 1. Weihnachtsfeiertag 2004 über 250 000 Menschen starben, hat unsere Herzen sehr berührt. Wir trauern mit allen Nationen, die einen lieben Menschen verloren haben und bitten Gott, die Seelen der Verstorbenen bei sich aufzunehmen. Es war ein großer Schmerz, der uns alle zu Tränen rührte, auch Menschen, die sonst weniger zu Gefühlsausbrüchen neigen, zeigten Emotionen. Aber dieses Mal war die Natur der Terrorist bzw. der Arm Gottes und wir alle mussten hilflos zusehen wie aus einem Paradies ein Trümmerhaufen wurde. Trotzdem fragen sich wieder alle Menschen: „Wo war Gott?" „Warum hat er das zugelassen?" Dazu wollte ich zuerst nichts sagen, aber es schmerzt mich immer wieder, wenn in diesen Momenten an Gott und seiner Güte gezweifelt wird. Gott liebt uns! Und alle Menschen, die wir an diesen Tagen verloren haben, sind im Paradies. In seinem Paradies! Er ist unser gütiger Gott, er würde niemals ein kleines Kind bestrafen, denn es hat ja nichts Unrechtes getan. Er liebt besonders die Kinder, sie sind jetzt bei Gott und es geht ihnen gut. Besser als uns, denn wir leiden weiter in dem Tal der Tränen, was man Erde nennt. Unser Leben ist ein ständiger Kampf ums Überleben.

Nun möchte ich Ihnen ganz ehrlich meine Erlebnisse schildern, die ich vor vielen Jahren in Thailand machte. Da ich Reiseführer schreibe, wollte ich auch über dieses Paradies schreiben. Ich war mehrmals dort im Urlaub und jedes Mal kam ich zurück und hatte Ekel im Herzen.

Bereits im Flugzeug erschrak ich, denn ich musste feststellen, dass nur vier Frauen im Flugzeug saßen, alle anderen Reisenden waren Männer. Es gab keinen einzigen freien Platz. In Thailand angekommen, konnte ich sehen, wie alte Männer sich junge Mädchen kauften, sie waren zum Teil noch minderjährig. Ich sah Männer, wie sie sich Frauen mieteten, um für 3 Wochen eine Sexsklavin zu haben. Als ich dann über das Thema Aids schrieb, habe ich den Entschluss gefasst, über dieses Land keinen Reiseführer zu veröffentlichen, obwohl ich bereits damit angefangen hatte und mir sehr viel Arbeit damit gemacht hatte, denn viele Kapitel waren bereits geschrieben. Ich konnte es mit meinem Gewissen nicht vereinbaren, Menschen unter diesen Voraussetzungen in dieses Land zu schicken, obwohl es traumhaft schön ist. Es passiert so viel Unrecht in Thailand. Frauen sitzen in Bangkok nummeriert hinter Schaufensterscheiben und werden von Männern ausgewählt und für Sex gemietet. Ich fand es furchtbar, der Mensch wird wie ein Objekt gehandelt. Ich sah junge Thai-Frauen in Begleitung von alten Männern aus Europa, sah, wie sie voller Ekel in die andere Richtung schauten, wenn sie sich unbeobachtet fühlten. Bereits damals fragte ich mich:

„Wie lange schaut Gott noch zu?" Frauen werden gekauft, wie man Brot beim Bäcker oder Fleisch beim Metzger kaufen kann. Hatte Gott genug ertragen und gesehen? Musste er uns dieses Leid schicken, damit wir unsere Augen vor dem Elend der dritten Welt öffnen? Denn Prostitution kann das Elend nicht lindern, sondern nur noch verstärken.

Leider traf dieses Inferno viele Unschuldige, vor allem Kinder, alte Menschen, Schwache und Kranke. Diese Katastrophe hat sicher viele Menschen zum Nachdenken veranlasst. Aber auch dieses Mal geschahen viele Wunder. Ein Mann hatte eine Woche auf dem Ozean überlebt, festgeklammert an einem Ast. Auch ein kleines Kind wurde Tage später auf einer Luftmatratze an Land geschwemmt. Ein kleines Kind, das seine ganze Familie verloren hatte, fand man am Straßenrand sitzend. Eine Mutter, die entscheiden musste, welches ihrer zwei Kinder sie nun loslassen müsse, um wenigstens einem der beiden das Leben zu retten, fand auch das andere Kind lebend, ein paar Meter von sich entfernt. Alle waren gerettet.

In der Bibel steht bei Hiob 12.15: Siehe! Er hält das Wasser zurück und sie trocknen aus.
Und er sendet sie und sie verändern die Erde.

Bedeutet „sie" die Flutwellen und die Erdbeben? Ich habe mir über diese Aussage sehr viele Gedanken gemacht.

Wir beuten unsere Erde aus, ohne uns der Folgen bewusst zu sein, nur aus finanziellen Gründen. Die meisten Überschwemmungen wurden durch die Begradigung der Flüsse und den permanenten Waldrodungen verursacht. Wann werden wir endlich wach? Die meisten Orkane und Unwetter sind auf die Erwärmung des Erdklimas zurückzuführen. Die größten Mächte der Welt fühlen sich bei den Weltklimakonferenzen nicht angesprochen. Sie weigern sich aus Eigeninteresse unsere Erde, die Menschen, die Tiere und die Natur zu schützen. Falls sich das Erdklima weiterhin erwärmt, wird der Meeresspiegel ansteigen und viele Paradiese werden vernichtet, denn das Meer wird sie überfluten.

Diese furchtbare Sintflut hat die ganze Welt wieder näher zusammen geführt. Unsere Herzen haben sich geöffnet für die Menschen, die in Not sind und unserer Hilfe bedürfen. Wir sind wieder füreinander da. Nach dieser Tragödie startete die größte humanitäre Hilfsaktion, die es jemals auf unserer Welt gegeben hat. Mehr als vierzig Nationen haben sich daran beteiligt.

Gott hat durch unsere Fürsorge für andere wieder Freude an unserem Tun und Handeln gefunden. Er möge den Helfern vor Ort die Kraft geben um das Leid, dass sie täglich sehen, ertragen zu können. Was sie leisten müssen kann man nicht in Worte fassen.

Ich weiß nicht, was es für eine Bedeutung hat, trotzdem möchte ich Ihnen berichten, was mir in diesem Zusammenhang passiert ist. Voller Schmerz sah ich in den Nachrichten von diesem unsagbaren Leid in Asien. Als erste Reaktion nahm ich meine Medaille von der heiligen Gottesmutter in die Hand und betete zur heiligen Mutter. Ich bat sie, die Menschen, die bei dieser Flut ihr Leben verloren haben, im Paradies aufzunehmen und den Angehörigen Trost zu spenden. Nach meinem Gebet klingelte das Telefon. Ich nahm den Hörer ab und ich konnte ganz viele Menschen reden hören. Es waren Asiaten, ich konnte es am Klang der Sprache hören. Ich versuchte mit ihnen Englisch zu reden, aber niemand nahm auch nur Notiz von mir. Sie machten keinen unglücklichen Eindruck, sie unterhielten sich fröhlich weiter. Ich wagte nicht aufzulegen, denn es musste doch eine Bedeutung haben. Nach einigen Minuten war das Gespräch beendet, aber es hörte sich nicht an, als hätte jemand den Hörer aufgelegt. Ich war erstaunt, wie so etwas möglich ist, denn diese Rufnummer hatte ich erst ein paar Tage vorher erhalten. Niemand hatte sie gekannt, noch nicht einmal ich selbst. Da ich einen ISDN-Anschluss bekommen hatte, wollte ich nachsehen, wer mich angerufen hatte, aber es war keine Rufnummer ersichtlich. Wie kann man das erklären?

Hinter einem einzigen verstorbenen Menschen stehen mindestens 100 Menschen, die mit dem Schmerz des Verlassenwerdens fertig werden müssen. Mütter, Väter, Kinder, Frauen, Männer, Freunde, Nachbarn und Arbeitskollegen. Deshalb möchte ich Ihnen berichten, was mir und nicht nur mir, sondern auch vielen anderen Menschen nach dem Tod eines geliebten Menschen widerfahren ist. Vielleicht nimmt es Ihnen ein wenig den Schmerz, der nach dem Tod eines geliebten Menschen so enorm groß ist, dass man glaubt, das Leben kann so nicht mehr weitergehen. Aber unseren Verstorbenen geht es gut. Und wenn wir mehr darauf achten und es nicht als Zufall abtun würden, könnten viel mehr Menschen auch mit ihren Verstorbenen Kontakt aufnehmen. Denn sie warten sogar darauf!

Sie warten auch auf uns und nehmen uns in Empfang an dem Tag an dem wir sterben. Ich hoffe und bete, Gott und mein Engel geben mir die Fähigkeit und die Kraft, das Buch in ihrem Namen an Sie so weiter zu geben, dass Sie es verstehen. Denn alles, was man nicht **sehen**, **fühlen** oder **greifen** kann, ist sehr schwer zu übermitteln. Ich hoffe aber, die richtigen Worte zu finden.

Was bin ich für ein Mensch?

Da kommt nun jemand und möchte Ihnen in einem Buch glaubhaft machen, dass die Engel und die Seelen der Verstorbenen Menschen, all derer, die wir immer geliebt haben, mitten unter uns sind. Am 28.08.2002 ist mir mein Schutzengel zum zweiten Mal erschienen und ich muss sagen, dieser Moment war einer der schönsten Momente in meinem Leben. Deshalb möchte oder muss ich diese Erfahrung an Sie weitergeben. Nun wusste ich, dass alles was ich glaube und bereits erlebt habe richtig ist. Es gibt einen Gott, es gibt die Auferstehung der Toten und es gibt Engel und das ewige Leben! Ich bin ein Mensch wie jeder andere, nicht besser und nicht schlechter als Sie, die dieses Buch nun lesen. Ich bin ein Mensch mit Gefühlen und Emotionen, vor allem aber glaube ich nicht alles, was man mir erzählt. Ich bin ein sehr realistisch denkender Mensch.

Meine Eltern ließen sich scheiden, als ich gerade 6 und mein Bruder 3 Jahre alt waren. Wir wurden „ehrlich" aufgeteilt. Mein Bruder durfte bei meinem Vater in Frankreich leben und ich bei meiner Mutter in Deutschland. Da wir an der französischen Grenze wohnten, konnten wir uns öfters sehen, aber wenn wir uns sahen, flogen die Fetzen. Mein Bruder sagte immer „deine Mutter" und ich sagte immer „dein Vater". Ich sah uns nie als eine Einheit und ein Wir-Gefühl war bei uns nie vorhanden. Mein Vater kämpfte immer um meine Liebe, die ich ihm zu dem damaligen Zeitpunkt aber nicht geben konnte oder wollte. Für mich war er damals der Böse, der meine gute Mutter verlassen und unsere Familie durch seine Untreue zerstört hatte. Ich ließ es nicht zu, dass Gefühle für ihn aufkamen und machte ihn allein dafür verantwortlich, dass sich unsere Familie in so einem erbärmlichen Zustand befand. Meine Mutter musste jeden Tag arbeiten, weil er keinen Unterhalt zahlen wollte, denn er wollte uns zurück haben, und mein Bruder wurde von einem Kindermädchen großgezogen. Da mein Vater als selbstständiger Unternehmer sehr viel geschäftlich unterwegs war, schickte er meinen Bruder oft gar nicht zur Schule, sondern nahm ihn mit auf Montage. Das stieß bei mir mit zunehmendem Alter auf immer mehr Unverständnis. Mein Vater war damals jedoch der Meinung, das sei gut so, denn mein Bruder müsse später einmal das Geschäft übernehmen und mit dem Geschäftsablauf vertraut werden, damit er später seine Firma leiten könne.

Die Tatsache, dass meine Mutter täglich arbeiten musste und ich zum Schlüsselkind wurde, beunruhigte meine Großeltern. Sie wollten ab sofort für mich sorgen und boten mir an, von montags bis freitags bei ihnen zu leben und nur die Wochenenden mit meiner Mutter zu verbringen. Diese Entscheidung war nicht einfach für mich und ich tat mir nun selbst leid. Kein Vater, kein Bruder und nun die Mutter nur noch an den Wochenenden. Ich weinte viele Tränen. Aber man versuchte mir zu erklären, wie wichtig eine warme und regelmäßige Mahlzeit für ein Kind sei und dass es mir nur schaden würde, wenn ich Tag für Tag bis zum Abend alleine für mich sorgen müsse. Diese Tatsache und alle geführten Gespräche überzeugten mich dann letztendlich.

Meine Großeltern, die ich beide sehr liebte, waren sehr glücklich wieder gebraucht zu werden und eine verantwortungsvolle Aufgabe gefunden zu haben. Beide hatten großen Einfluss auf mein neues Leben. Sie waren beide sehr religiöse Menschen und ich lebte ab sofort ein anderes, christlicheres Leben. Jeder neue Tag begann zuerst mit einem Gebet zu Gott und der Mutter Maria. Meine Großmutter ging täglich zur heiligen Messe und ich ging mit, so oft ich konnte, ohne zu murren. Mein Leben war von nun an ausgefüllt mit dem Glauben an Gott und meine Großeltern erzogen mich in dem Sinn immer Gutes zu tun und niemandem Schmerz zuzufügen. Sie sagten oft zu mir, nur durch die Kraft der Gebete kann man die Welt zum Guten verändern. Noch heute kann ich meine Großmutter sagen hören: „Wenn dir jemand auf die rechte Wange schlägt, so halte ihm auch die linke Wange hin." Als ihre Lieblingsenkelin sollte ich außerdem eines Tages Ordensschwester werden.

Dann schmiedeten meine Eltern hinter meinem Rükken ein Komplott. Ab sofort sollte ich auf ein Gymnasium in eine Klosterschule nach Frankreich. Diese Klosterschule veränderte meine Einstellung zu meinem Glauben. Nachdem alle Formalitäten zur Aufnahme in die Klosterschule abgeschlossen waren, musste ich mich von meinen geliebten Großeltern und meinen Eltern verabschieden, um in Frankreich ein neues Leben zu beginnen. Die Tage vor meiner Abreise waren eine ganz schlimme Erfahrung für mich, ich habe nur geweint. Hätte ich allerdings gewusst, was noch auf mich zukommen würde, wäre ich sicherlich weggelaufen. Ich hätte nie gedacht, dass es unter dem Deckmantel Kloster so viele unmenschliche Menschen gibt. Ein Ort an dem man Liebe, Kraft und Mitgefühl erhofft, war voller Neid, Hass und Missgunst und ich verbrachte dort die schlimmste Zeit meines Lebens. Ich musste dort ohne Liebe und Verständnis aufwachsen. Diese göttliche Institution hat mich sicherlich von meinem tiefen Glauben zu Gott und der Kirche um viele Jahre entfernt. Das Paket, das mir meine Oma zum Eingewöhnen liebevoll verpackt und mitgegeben hatte, wurde mir gleich weggenommen. Der Inhalt wurde aufgeteilt. Sicher keine schlechte Sache, aber für mich war es eine Erinnerung an die Liebe meiner Großeltern die man mir da weggenommen hatte.

Man zeigte mir mein Zimmer. Es war ein Großschlafraum, mit Vorhang, den ich mit 20 Schülerinnen und einer Nachtschwester teilen musste. Waschen durften wir uns an den 8 Waschbecken, die sich ebenfalls im Schlafraum befanden. Ab 21 Uhr war Nachtruhe, das Licht wurde ausgemacht und die Nachtschwester sorgte dann für Ruhe und Ordnung. Die erste Nacht weinte ich mich in den Schlaf. Ich hatte den ganzen Tag weder Nächstenliebe noch Herzlichkeit erfahren. Morgens um 5:30 Uhr wurden wir von der Schwester mit einer grausamen Trillerpfeife geweckt. Es war schlimmer als jeder Wecker. Nun hieß es waschen und Betten machen. Um 6 Uhr hörte ich die Trillerpfeife abermals, das hieß fertig sein und es ging zum Frühstück. Man zeigte mir meinen Platz im Speisesaal. In einer Schublade vor mir befand sich das Besteck und eine Serviette. Ich wollte es auf den Tisch legen, aber die Schwester schüttelte den Kopf und sagte, ich müsse es wieder in die Schublade legen. „Komisch", dachte ich noch. Nun wurde wieder getrillert und ich sah wie alle Schülerinnen nun die Schublade öffneten und ihr Besteck und eine Serviette herausnahmen. Kaffee, Milch, Weißbrot, Butter und Marmelade standen bereits auf dem Tisch. Kaffee au Lait tranken wir aus den großen Tassen, wie dies bei den Franzosen üblich ist. Es wollte mir am ersten Tag nicht so richtig schmecken und ich erschrak, als eine Ordensschwester ihre Trillerpfeife nahm und zum Ende des Frühstücks ermahnte. Alle die bis jetzt noch nicht mit dem Essen fertig waren, hatten damit aufzuhören. Ist das christlich, wenn man das Essen jetzt wegwerfen muss, um es an die Schweine zu verfüttern, fragte ich mich damals. Anschließend gingen wir zur Messe und um 8 Uhr fing die Schule an. So ging es auch mittags und am Abend. Ich kam mir vor wie in einem Gefängnis. Als ich mit einer anderen Schülerin über meine Gefühle reden wollte, sagte diese im Flüsterton: „Sei ruhig, oder wir bekommen Punkte!" „Was soll das heißen, wir bekommen Punkte?" „Das erkläre ich dir in der Pause", war ihre Antwort und sie machte auf mich eher einen ängstlichen Eindruck. Ich war wieder den Tränen nahe, als ich zur Schwester Oberin gerufen wurde. Sie gab mir meine neue Uniform, die ich ab sofort während des Unterrichts und bei unseren Ausflügen durch den Ort zu tragen hatte. Dabei schaute sie mich mit einem bösen Blick an und sagte in einem unterkühlten Ton: „Ich bin die Schwester Oberin und ab sofort musst du Bonne Mère zu mir sagen!" Das heißt übersetzt, „gute Mutter". Für mich hatte diese Frau nichts Gutes und nichts Mütterliches an sich. Ich fragte mich insgeheim, ob ich diese Frau jemals ansprechen könnte. Und um eine Anrede zu vermeiden, ging ich ihr täglich aus dem Weg. Meine Mutter oder die Göttliche Mutter Maria sind meine Mütter, dachte ich immer trotzig, aber nicht diese unzufriedene, mürrische Frau. Ab sofort war für mich jeder Tag ein trauriger Tag, denn an dieser Schule wurde nicht viel gelacht. Wir wurden sehr streng und zum Gehorsam erzogen. Nachher wusste auch ich, was es heißt, Punkte zu bekommen. Wenn man 10 Punkte hatte, durfte man an den Wochenenden nicht nach Hause fahren. Ich bemühte mich nun so wenig wie möglich Minuspunkte zu sammeln, wurde aber auch von Monat zu Monat immer stiller und trauriger. Bei Ausflügen nach draußen wurden wir von den Ordensschwestern sehr gut abgeschottet und die Jungs, die unserer Gruppe folgten, hatten keine Chance, auch nur ein Wort mit uns zu wechseln. Unser Schulhof war von hohen Mauern umgeben und darüber war Maschendraht gespannt und große Glasscherben lagen auf dem Gemäuer. So dass es auch wirklich keinem der Kleinstadtcasanovas gelingen konnte, Kontakt zu den Mädchen aufzunehmen.

Aber nun muss ich auch erwähnen, dass eine der Schwestern etwas ganz Besonderes war. Sie hatte eine ganz warmherzige Ausstrahlung. Ich war bei ihr immer der Meinung, sie sei von einer ganz anderen Welt. Aber immer wieder musste ich feststellen, dass gerade ihr die anderen Ordensschwestern feindlich gesonnen waren. Schon als Kind hatte ich immer ein ausgeprägtes Gefühl für Gerechtigkeit und freundete mich mit dieser Ordensschwester ganz besonders an. Sie erteilte auf Wunsch einigen Schülerinnen Klavierunterricht und um in ihrer Nähe zu sein, wollte ich auch Klavierunterricht nehmen. Dies waren dann ab sofort die einzigen Stunden in denen ich mich wohlfühlte. Ich vertraute ihr meinen ganzen Schmerz an und ich erwähnte, dass mir aufgefallen sei, dass sie von ihren Mitschwestern nicht sehr geliebt wird. Bei ihrer Antwort versuchte die Schwester diese sogar noch in Schutz zu nehmen, indem sie sagte: „Gott wird ihnen verzeihen, denn sie sind nur Menschen, genau wie du und ich. Auch wenn sie Gott dienen und die Gebote Gottes erfüllen, haben sie Stärken und Schwächen wie alle Menschen auf dieser Welt."

Ein trauriges Ereignis beendete dann abrupt meinen Aufenthalt in der Klosterschule. Mein Großvater starb und meine Großmutter wollte, dass ich nun wieder bei ihr lebe, denn sie konnte mit dem Tod ihres Mannes nicht fertig werden. Außerdem wusste meine Omi, dass ich sehr unglücklich war. Sie versuchte mir zu helfen. Als ich dann auch noch meinem Vater erzählte, dass eine auf mich sehr männlich wirkende Schülerin mich ständig küssen wollte, sagte dieser: „Jetzt reicht es mir endgültig, ich gebe doch nicht mein schwer verdientes Geld aus, damit du hier noch versaut wirst!" Erst viele Jahre später habe ich von lesbischer Liebe erfahren und verstand erst dann, warum mein Vater auf einmal so prompt reagierte. Mein Weggehen wurde sehr bedauert, angeblich war ich eine gute Klosterschülerin, die sich immer gut unterordnen konnte. Meine Lieblingsschwester musste den Orden verlassen, da sie ein Baby bekam und das vom örtlichen Pastor. In meiner kindlichen Phantasie erzählte ich dies meinem Vater und sagte zu ihm: „Lasst sie doch endlich heiraten, dann werden sie sicher freundlicher und menschlicher." Er aber war geschockt, das ginge ja wie in Sodom und Gomorha hinter den Klostermauern zu, sagte er etwas betrübt.

Ab sofort änderte sich mein Leben wieder und meine frühere Lebensfreude kam zurück. Ich ging wieder auf eine staatliche Schule und die Klasse, in die ich kam, wurde erneut von einer Ordensschwester unterrichtet. Die jüngeren Leser können sich sicherlich nicht vorstellen, dass man während der Schulzeit in den sechziger Jahren noch Schläge von den Lehrern bekommen hat, wenn z.B. die Fingernägel schmutzig waren, die Schürze vergessen wurde oder eine schlechte Note von den Eltern nicht unterschrieben war. Schwester Stefanie konnte mich zwar sehr gut leiden, weil ich immer Essenspakete für die Schwestern und Priester der Mission mitbrachte, die meine Großmutter immer liebevoll verpackte. Aber auch ich stand öfters in der Runde der Auserwählten, die mit dem Stock auf die Hand geschlagen wurden, oder wenn ich im Unterricht zu viel gequatscht hatte, musste ich mich mit dem Gesicht zur Wand stellen und das so lange, bis die Unterrichtsstunde vorbei war. Manchmal kam es vor, dass alle 4 Ecken belegt waren.

Ich schreibe nur davon, um Ihnen zu übermitteln, wie zart und zerbrechlich die Seele eines Menschen ist und wie eine harte oder lieblose Umgebung es schaffen kann, einen gläubigen Menschen an der Religion und der Liebe zweifeln zu lassen. Meine Großmutter konnte kaum glauben, dass ich jetzt immer maulte, wenn ich mit ihr in die Kirche gehen sollte, bzw. gehen musste. „Was haben sie nur aus dir gemacht, Kind, du bist ja gar nicht mehr wieder zu erkennen." Sie hatte Recht!

Gibt es ein Leben nach dem Tod?

Heute sage ich definitiv ja! Ich erinnere mich noch an einen Urlaub, den ich mit meinem Vater verbrachte. Wir diskutierten, ob es ein Leben nach dem Tod gibt. Noch heute weiß ich genau den Ort, wo dieses Gespräch stattfand. Es kann von mir nachvollzogen werden, als hätte es erst vor ein paar Tagen stattgefunden. Mein Vater war der Meinung, es müsse nach dem Tod noch etwas geben. Ich sagte zu ihm: „Das habe ich auch einmal geglaubt, dass es etwas nach dem Tod gibt, aber die Zeiten haben sich geändert. „Wenn man stirbt, ist es wie ein ewiger Schlaf und schlafen tut nicht weh", sagte ich zu ihm. „Deshalb brauchen wir vor dem Sterben auch keine Angst zu haben." Aber er wollte meine Meinung so nicht akzeptieren und sagte: „Was ist mit dem Geist und mit der Seele? Soll unser ganzes Wirken, unsere Arbeit unsere Liebe alles umsonst gewesen sein?" Ich antwortete immer mit einem klaren Nein, auch wenn er die Bibel zitierte. Dieses Gespräch fand vor 30 Jahren statt, ich war noch sehr jung und unerfahren.

Alles was ich im Nachhinein über den Tod eines geliebten Menschen erlebt und darüber gelesen habe, lässt die Behauptung zu, dass es ein Leben nach dem Tod gibt. Man hat Menschen kurz vor ihrem Tod gewogen und dabei festgestellt, dass ihr Körper nach dem Tod leichter war. Ist dies unsere Seele oder unsere Seele und unser Geist, der den Körper verlassen hat? Warum war der Körper auf einmal leichter?

Da ich meinen Vater während seines Sterbens nicht begleiten konnte, habe ich mir vorgenommen, wenn jemand aus meiner Familie oder aus meinem Bekanntenkreis mich als Sterbebegleiterin braucht, werde ich da sein. Ich bekam die Gelegenheit, als der langjährige Lebensgefährte meiner Mutter ins Krankenhaus eingeliefert wurde. Ich arbeitete zur damaligen Zeit gerade in diesem Klinikum und nutzte jede freie Minute, ihn und andere Kranke zu besuchen. Was mir dabei auffiel, ich konnte den Tod förmlich riechen. Jedes Mal, wenn ich auf die Innere Station kam dachte ich, es riecht wieder nach Tod und tatsächlich sagte mir dann die Schwester, dass gerade jemand verstorben sei. Ich versuchte den alten Herren jeden Wunsch zu erfüllen und sie waren so dankbar dafür. Ein älterer Herr sagte, ich gäbe alles für ein Fläschchen Bier, ich zog meinen Mantel an und besorgte ihm ein Bier. Ich hatte noch niemals die Augen eines Menschen so strahlen sehen, als ich seinen Wunsch erfüllte und keiner wusste, ob es nicht sein letztes Bier sein würde, denn auch er war sehr krank und von den Ärzten bereits abgeschrieben. Ein Tag vor dem Tod des Lebensgefährten meiner Mutter musste ich eine extreme Veränderung bei ihm feststellen. Er schien nicht mehr in unserer Welt zu leben. Wenn ich neben seinem Bett saß, hörte ich ihn immer wieder mit Menschen kommunizieren, die bereits viele Jahre tot waren. Er redete mit seiner verstorbenen Mutter und seinem Vater und seinen Geschwistern. Ich bereitete meine Mutter langsam darauf vor, dass er diesen Tag nicht mehr überleben würde. Sie glaubte es nicht und wollte wissen wie ich darauf käme? Ich sagte ihr, dass einige Menschen, wenn sie sterben kurz vorher von ihren Verstorbenen begrüßt werden. Der Todgeweihte befindet sich bereits auf der geistigen Ebene der Verstorbenen, obwohl sein Körper noch Funktionen aufweist. Das war auch der Grund dafür, warum er immer wieder die Namen der Verstorbenen erwähnt hat, denn er war geistig bereits mit ihnen verbunden und auf der anderen Seite.

Manche Ärzte reden von Endorphinen, einem Glückshormon das angeblich beim Sterben freigesetzt wird, ein dem Morphium verwandter körpereigener Eiweißstoff, der die Schmerzen stillt. Menschen die sich mit dem Sterben auseinandergesetzt haben, sehen es so wie ich. Menschen, die Nahtodeserfahrungen hatten, wurden ebenfalls von ihren Verwandten beim Sterben in Empfang genommen und begrüßt. Wir sterben niemals alleine, wir werden immer von Sterbehelfern oder unserem Engel begleitet, denn man wartet ja bereits auf uns. Keine Seele wird vergessen auch die nicht, die nicht nach den Gesetzen Gottes gelebt hat. Aber diese Seele muss wieder kommen und lernen, eine bessere Seele zu werden. Gott wird dieser Seele, die noch so unvollkommen ist, viele Prüfungen auferlegen.

Allerdings bin ich jetzt mehr als hundertprozentig überzeugt, dass es ein Leben nach dem Tod gibt. Und der Auslöser für diese Meinungsänderung war mein Vater, besser gesagt, der frühe Tod meines Vaters. Alles was sich danach ereignet hat, lässt daraus schließen, dass es ein Leben nach dem Tod geben muss. Damit Sie den Zusammenhang richtig verstehen können, werde ich Ihnen in diesem Buch sehr viele persönliche Dinge erzählen müssen.

Mein Leben im Ausland

Viele Jahre meines Lebens verbrachte ich in Südafrika, wo ich sehr glücklich war. Wenn meine Eltern nicht gewesen wären, hätte ich niemals den Weg zurück in meine Heimat gefunden. Ich liebte das Land mit seiner wunderbaren Tier- und Pflanzenwelt. Es gab keinen anderen Ort, an dem ich Gott so nah war.

Mein Ex-Mann und ich heirateten in Südafrika und unsere Tochter wurde dort geboren. Bevor sie eingeschult werden sollte, war es wichtig, dass wir als ihre Eltern uns entscheiden mussten, wo wir leben wollten. Wir entschieden uns für Deutschland und die Nähe unserer Eltern. Der Abschied von Südafrika und dem was wir uns dort aufgebaut hatten, fiel uns allen sehr schwer.

Als wir wieder daheim in Deutschland waren, musste ich feststellen, dass sich die Menschen sehr verändert hatten. Es fehlte die Herzlichkeit, die uns in Südafrika entgegen gebracht wurde. Alles war nur auf Konsum und Gewinn ausgerichtet und jeder war sich selbst der Nächste. Das schlechte Wetter besorgte den Rest, um uns traurig zu machen.

Das war vielleicht auch einer der Gründe, warum meine Ehe nach kurzer Zeit in Deutschland geschieden wurde. Mein zweites Kind kam hier zur Welt und mein geschiedener Mann, der in Lübeck geboren war, ging wieder nach Südafrika zurück, ohne einen Gedanken an Unterhaltszahlungen zu verschwenden. Ich habe nie von Sozialhilfe gelebt und musste sehr hart arbeiten, damit meine Kinder und ich ein gutes Leben führen konnten. Trotzdem machte mir meine Tochter später einmal den Vorwurf, ich hätte besser Sozialhilfe beantragen sollen, anstatt den ganzen Tag für fremde Leute zu arbeiten. Dann hätten sie und ihr kleiner Bruder nicht täglich ohne ihre Mutter auskommen und Kindergärten, Kinderhorte oder Aupairmädchen ihre Betreuung übernehmen müssen. Diese Aussage hat mich sehr beschäftigt, denn es machte mir deutlich, dass Zeit und Liebe viel wichtiger für eine kleine Menschenseele sind, als die Geschenke, die sie bekommen, damit sich das schlechte Gewissen das man hat, wenn man die Kinder tagsüber abgeben muss, wieder ein wenig beruhigt.

Zeit, Verständnis und Liebe sind das Wertvollste, was man seinen Liebsten geben kann und auch müsste, wenn man dazu in der Lage ist. Könnte ich diese Zeit noch einmal zurückdrehen, würde ich nur noch vormittags arbeiten und mit weniger zufrieden sein und immer für meine Familie da sein.

Letzter Besuch meines Vaters vor seiner schweren Krankheit

Mein Vater kam meine Kinder und mich im Allgäu besuchen, da er geschäftlich in München zu tun hatte. Wie immer versuchte er, mich für die Mitarbeit in seinem Geschäft zu gewinnen. Ich lehnte ab, denn das hätte ich meinen Kindern nicht zumuten können, ständig auf Montage zu sein und ich hatte auch das Gefühl, ich würde mich in eine Abhängigkeit begeben. Bei seinem letzten Besuch erzählte er mir noch, dass er sich von einer langjährigen Mitarbeiterin trennen möchte, da sie sich in letzter Zeit sehr negativ verändert hätte. Sie sei ständig am Meckern, wäre mit allem sehr unzufrieden, würde oft krank machen und ihn ständig kritisieren. Ich gab ihm noch den Rat, sie nicht zu entlassen, denn sie sei mittlerweile schon viel zu lange bei ihm angestellt. Wenn

Menschen krank sind, muss man Geduld für sie aufbringen und kann sie nicht einfach auf die Straße setzten, eine Entlassung wäre unmenschlich.

Ein Jahr später mussten mein Bruder und ich feststellen, dass dieser Ratschlag uns um unser ganzes Erbe gebracht hatte. Ich habe diese Frau falsch eingeschätzt und mein Vater hatte Recht. Diese Frau heiratete meinen Vater während seiner schweren Krankheit sozusagen auf dem Sterbebett, ohne dass die Familie etwas davon wusste. Nach seinem Tod sagte sie zu mir: „Ich musste es tun, denn ich wäre sonst nicht versorgt gewesen." Sie war versorgt, aber ich muss noch heute hart arbeiten. Wäre sie nicht gewesen und hätte uns nicht alles genommen, hätte ich bei meinen Kindern bleiben und ihnen ein sorgenfreies Zuhause bieten können.

Eigentlich wollte ich über dieses Thema nicht mehr schreiben, da es mich sehr viel Kraft und Energie kostet, weil es sehr, sehr traurig für mich ist. Aber tue ich es nicht, würde es den Inhalt dieses Buches total verfälschen. Dieses Buch soll keine Abrechnung mit Personen werden, sondern es soll die Kraft der verstorbenen Seelen verkörpern, die auch nach ihrem Tod noch immer in der Lage sind, uns Gefühle und Mitteilungen aus dem Jenseits zu übermitteln. Aber ohne das genaue Hintergrundwissen kann man nicht alles verstehen, was nach dem Tod meines Vaters wirklich passiert ist. Die Frau, die meinen Vater kurz vor seinem Tod geheiratet hat, werde ich zu ihrem Schutz ab sofort **Ute Müller** nennen.

Mein Bruder rief mich an, dass unser Vater in Spanien einen Schlaganfall erlitten hätte. Sobald er das Krankenhaus wieder verlassen könne, würde er ihn mit dem PKW nach Deutschland fahren. Ich war froh, dass sich mein Bruder um ihn kümmern konnte, denn er lebte und arbeitete ja noch immer bei meinem Vater. Und außerdem war Ute auch noch da. Ein paar Wochen später wurde mein Vater aus dem Krankenhaus entlassen. Aber da man seinen Schlaganfall erst sehr spät bemerkt hatte, war er jetzt halbseitig gelähmt, die Sprache war gestört und er konnte sich keine Einzelheiten mehr merken. Plötzlich war er der Meinung, er sei bei Ute angestellt und wenn er nicht bald gesund wird, würde sie ihn entlassen, erzählte er meinem Bruder. Ute genoss die Situation und spielte das Spiel mit. Als mein Bruder, mein Vater und Ute wieder in Deutschland eintrafen, beantragte sie sofort die Pflegschaft für unseren Vater und bekam diese auch innerhalb kürzester Zeit zugesprochen. Ihr Bruder arbeitete beim Amtsgericht und ließ seine Beziehungen spielen. Sie verwaltete nun alles was unser Vater besaß. Die Firma unseres Vaters war nun plötzlich die Firma von Ute. Sie setzte meinen Bruder als Mitarbeiter vor die Tür und warf ihn aus der Wohnung, die er bisher immer mit meinem Vater geteilt hatte. Sie tauschte alle Schlösser aus, so dass er keine Möglichkeit mehr hatte eine der Wohnungen oder das Geschäft zu betreten.

Ute sorgte dafür, dass mein Vater in eine geschlossene Anstalt eingewiesen wurde. Von jetzt an passierten Dinge, die sich kein gesunder Menschenverstand erklären kann und es gab Entscheidungen der Gerichte, die mich an der deutschen Rechtsprechung zweifeln ließen. Als ich meinen Vater in der Klinik besuchte, machte er auf mich keinen verrückten Eindruck, im Gegenteil er war ein verzweifelter Mann, der um seine Existenz kämpfte. Er weinte wie ein Kind und sagte zu mir: „Ich glaube Ute hat mich entmündigen lassen." Ich habe gesagt: „Papa, du brauchst nicht zu weinen", und nahm ihn in den Arm um ihn zu trösten. Es war das erste Mal, dass ich meinen so starken Vater, der ein knallharter Geschäftsmann war, so am Boden zerstört erleben musste. „Warum soll dich Ute denn entmündigen lassen? Dazu besteht doch keine Veranlassung und außerdem kann das nur ein Familienmitglied und nicht Ute." „Doch", meinte er, „sie hat mir gesagt, dass sie ab sofort alle meine Geschäfte für mich regeln würde und hat mir sogar mein ganzes Geld abgenommen." Ich sagte ihm, dass rechtlich nur die Kinder oder die Ehefrau die Vormundschaft für ihn übernehmen können, aber doch nicht eine Mitarbeiterin seines Geschäftes. „Sie bekommt ja weiterhin ihren Lohn", beruhigte ich ihn. Er sagte: „Wir werden es gleich wissen" und gab mir einen Scheck,- 1500 Euro - damals noch über 3000 DM. „Ich werde diesen Scheck auf deinen Namen ausstellen und du versuchst ihn bei meiner Hausbank einzulösen." Aber mir wäre nie der Gedanke gekommen, dass mein Vater Recht haben könnte. Ich versprach ihm das Geld mitzubringen. Dann ging ich zu der besagten Bank. Die Bankangestellte prüfte den Scheck und sagte: „Es tut mir leid, aber ich kann die Auszahlung nicht vornehmen." „Warum", fragte ich ganz entsetzt? „Das Konto ist zwar gedeckt, aber es wird seit ein paar Tagen von Frau Müller verwaltet." „Was, von Frau Müller? Mein Vater ist zwar krank, aber nicht so krank, dass man ihn entmündigen muss! Außerdem hat er zwei volljährige Kinder und genügend Geschwister, die sein Vermögen verwalten könnten, falls dies überhaupt nötig wäre." Ich sagte zu ihr: „Bitte beantworten Sie mir eine Frage. Wann haben Sie meinen Vater zum letzten Mal gesehen?" „Das war vor 3 Tagen", sagte die Leiterin der Bank. „Hatten Sie das Gefühl, dass mein Vater verrückt war? Bitte sagen Sie mir die Wahrheit, auch wenn es weh tut." „Er machte auf mich einen ganz normalen Eindruck", erwiderte Sie, „denn er tätigte an diesem Tag auch seine Geldgeschäfte noch selbst. Auch ich habe mich bereits gewundert, wie schnell ihr Vater entmündigt wurde, denn sonst dauert so etwas viel länger, weil alles genau überprüft werden muss. Ich sagte bereits meiner Kollegin, da geht etwas nicht mit rechten Dingen zu, aber so leid es mir tut, wir müssen uns an die Auflagen des Familiengerichts halten. Ich hoffe, dass alles bald wieder zum Wohle Ihres Vaters geregelt wird."

Als ich die Bank verließ, brach ich in Tränen aus. Nicht, weil Ute das Vermögen meines Vaters verwaltete, denn ich weiß wie Menschen sind, wenn es ums Geld geht. Nein, ich weinte, weil ich nicht verstand, dass es möglich war, einen Menschen so schnell in einer geschlossenen Anstalt unterzubringen. Ute war noch nicht einmal mit uns verwandt, wie konnte diese Frau ohne das Einverständnis der Familie unseren Vater entmündigen lassen? Nun stand mir noch die schwierige Aufgabe bevor, meinem Vater das Geschehene mitzuteilen. Als ich wieder in seinem Krankenzimmer war, versuchte ich ihm, so schonend wie nur möglich, das Erlebte zu erzählen. Er sagte ganz traurig zu mir: „Ich habe es dir ja gesagt, du hast es mir ja nicht geglaubt." Ich versprach ihm zu helfen. Ich informierte meine Mutter, seine geschiedene Frau, und wir versuchten eine geeignete Lösung für meinen Vater zu finden. Als meine Mutter in der Klinik eintraf hatte mein Vater die Idee, er werde im Beisein von zwei Krankenpflegern eine schriftliche Erklärung abgeben und von allen Anwesenden unterschreiben lassen, dass er darauf besteht, dass die Vormundschaft auf seine Tochter übertragen wird, da er in Frau Müller nicht das nötige Vertrauen setzt, sie hätte es nur auf sein Geld abgesehen. Mit der Vollmacht und der Unterschrift der Pfleger als Zeugen, ging meine Mutter nun zum Familiengericht, zu dem Rechtspfleger, der den Beschluss erlassen hatte. Dieser war eher gereizt, als er das Schreiben las und meinte: „Ihr geschiedener Mann ist ja verrückt, was wollen Sie denn von mir?" Er nahm grinsend das Schreiben, auf dem mein Vater seinen Wunsch schriftlich geäußert hatte, zerriss das Papier, und warf die Schnipsel in den Papierkorb. „Für mich ist der Fall jetzt abgeschlossen", schrie er. Danach verstanden wir die Welt nicht mehr, hatten sich alle gegen uns verschworen? Wie konnte in unserem so gut organisierten und gerechten Staat so etwas passieren? Wo bleibt da die Würde des Menschen?

Die Folgen dieser Entscheidung waren, dass mein Bruder, der bei meinem Vater lebte und arbeitete, ab sofort kein Zuhause, kein Geld und keine Arbeit mehr hatte. Ute hatte, wie ich bereits erwähnte, sofort alle Schlösser austauschen lassen. Mein Vater hatte Wohnungen in Deutschland und Frankreich, zwei Häuser und ein Appartement in Spanien. Die Firma war ebenfalls für uns nicht mehr zugängig, obwohl wir dieser Frau nie etwas getan haben. Für meinen Bruder hätte es genügend Wohnraum gegeben. Aber nun war er heimatlos und arbeitslos. Meine Mutter finanzierte ihm eine Wohnung, Möbel usw., damit er ein Zuhause hatte, obwohl alles leerstand, bzw. von Ute verwaltet wurde.

Ich musste wieder mit meinen Kindern nach Hause, aber wir beauftragten einen ansässigen Anwalt um Aufklärung der Angelegenheit. Dieser hat dann erfahren, dass Frau Müller einen Bruder bei Gericht hatte, der Richter war. Dieser hatte bei den meisten Entscheidungen eine große Rolle gespielt, denn er genoss hohes Ansehen bei seinen Kollegen. Nun wussten wir, warum alles so schnell und komplikationslos über die Bühne ging. Ich telefonierte mit Frau Müller und wollte wissen, warum unser Vater in der geschlossenen Anstalt sitzen müsse, denn er sei ja nicht verrückt. Sie erzählte mir, er wollte sich töten, bzw. er hätte versucht, sich unter einen Zug zu werfen, außerdem hätte mein Vater sie umbringen wollen. Aber wer möchte freiwillig Vormund eines Menschen werden, der versucht hat, ihn umzubringen?

Eines Tages tauchte mein Vater ohne Vorankündigung bei meiner Mutter auf. Er bat sie, ihn wieder aufzunehmen, denn er müsse bei Frau Müllers Mutter im Keller schlafen. Außerdem hätte er sein Appartement in Spanien auf Anraten von Frau Müller verkaufen müssen und sie hätte ihm das Geld das er für den Verkauf bekam abgenommen, damit sie das Haus ihrer Mutter renovieren könne. Meine Mutter lebte aber damals mit einem neuen Partner zusammen und konnte meinen Vater deshalb nicht aufnehmen. Sie machte ihm den Vorschlag mit seinem Sohn die Wohnung zu teilen. Mein Bruder arbeitete in der Fußgängerzone und verkaufte Schals und Accessoires auf einem Tapeziertisch, er hatte einen Reisegewerbeschein beantragt um schnell Arbeit zu haben und überleben zu können. Mein Vater war begeistert von der Idee und zog bei meinem Bruder in die Wohnung ein. Allerdings muss Frau Müller herausgefunden haben wo er sich aufhielt, denn als mein Bruder am Abend von der Arbeit nach Hause kam, war unser Vater wieder weg. Frau Müller hatte ihn wieder in die geschlossene Anstalt gebracht. Es war schrecklich! Ich war so weit weg, musste täglich arbeiten und konnte es mir nicht erlauben, meine Arbeit zu verlieren. Aus der Ferne konnte ich nicht viel unternehmen. Ich ging zu einem Arzt der Psychiatrie in unserer Stadt und schilderte ihm die ganze Situation. Ich wollte, das mein Vater zu mir kommt und bei ihm für eine genaue Untersuchung untergebracht wird. Aber genau das wollte Frau Müller verhindern. Der Arzt bestätigte mir, dass es häufig vorkommt, dass Familienangehörige ältere Menschen, in der Regel Menschen mit einem größeren Vermögen, entmündigen lassen wollen, um an ihr Geld zu kommen. Allerdings war es auch für ihn unverständlich, dass ein Gericht die Vormundschaft nicht an einen Familienangehörigen übertrug, sondern an eine fremde Person weiter gab. Nachdem auch der Arzt mir bestätigte, das es einfach sei, jemanden einweisen zu lassen, wenn man angibt, er wolle sich das Leben nehmen, fragte ich mich nach den tatsächlichen Motiven von Ute.

„Man versuche den Patienten vor sich selbst zu schützen indem man ihn in die Klinik einweist", bestätigte mir der Arzt bei dem Gespräch. Aber wird ein Gesunder eingewiesen, randaliert er und es passiert genau das, was die Betreffenden erreichen möchten. Jeder sagt dann, der ist ja wirklich krank. „Aber versuchen Sie sich einmal vorzustellen, Sie sind normal und man möchte Sie in eine geschlossene Anstalt stecken. Wie würden Sie reagieren? Ich weiß was ich machen würde, mit Händen und Füßen würde ich mich wehren! Die Psychopharmaka, die der Patient täglich einnehmen muss, geben ihm dann den Rest. Seine Persönlichkeit verändert sich derart, das man ihn nach ein paar Wochen nicht mehr wiedererkennt, er resigniert und hört auf zu kämpfen. Er glaubt nicht mehr an das Gute im Menschen und er glaubt auch nicht mehr an die Ärzte, Freunde, Kinder und Verwandte." Vielleicht hat auch unser Vater an uns gezwaifelt, aber wir durften ihm nicht helfen. Frau Müller hatte alle Rechte, sie durfte über unseren Vater bestimmen und wir waren die Marionetten in ihrem Spiel. Frau Müller gab Anweisung, uns nicht in die Klinik zu lassen, denn es würde unseren Vater zu sehr aufregen. Sie bewachte ihn wie jemand vom Sicherheitsdienst. Sie war immer dort, um sofort reagieren zu können. Als unser Anwalt ihr in einem Schreiben mitteilte, dass unser Vater in meine Heimatstadt verlegt werden sollte, wurde er drei Tage später aus der Klinik entlassen und war für uns nicht mehr auffindbar. Mein Vater rief mich dann an und teilte mir mit, dass er mit Frau Müller in Spanien sei, sie hatte noch immer die Vormundschaft. Mein Bruder fuhr nach Spanien und Frau Müller verbot ihm, ins Haus zu kommen. Er schlief in einem Zelt auf einem nahegelegenen Campingplatz. Als er unseren Vater besuchen wollte, teilte Frau Müller ihm mit, dass er sich im Krankenhaus in Gerona befände. Mein Bruder besuchte ihn und musste feststellen, dass er einen ganz jämmerlichen Eindruck machte. Frau Müller willigte nun ein, dass mein Bruder unseren Vater und sie von Spanien nach Deutschland brachte.

Unser Vater und Ute stritten sich fast auf der ganzen Heimreise. Plötzlich fing mein Vater an Ute zu würgen, mein Bruder wurde Zeuge, wie er sie umbringen wollte. Er fuhr mit dem Auto sofort rechts ran und sorgte dafür, das er von Ute abließ. Als mein Bruder mir das erzählte, war ich verunsichert. Ich fragte mich immer wieder warum er das getan hat? War er tatsächlich durch den Schlaganfall geistig verwirrt, oder war er voller Hass auf diese Person, die ihm das alles antat, sein Leben so zerstörte und kontrollierte. Nun fing auch ich an zu zweifeln. Aber welche Frau bleibt bei einem Mann, der sie so sehr hasst, dass er sie umbringen möchte? Kein Geld der Welt hätte mich bei so einem Menschen gehalten. Welche Motive hatte Ute wirklich, denn ihr Verhalten war alles andere als normal. Nach der Ankunft in Deutschland ließ Ute unseren Vater wieder in die geschlossene Anstalt einweisen. Unser Anwalt beantragte die Pflegschaft für meinen Vater. Wenn sie die Kinder nicht bekommen können, wollte er einen Vormund, den das Gericht bestimmt, nur neutral solle er sein und keine Eigeninteressen vertreten. Zwei Monate nach diesem Antrag erhielten wir ein Schreiben vom Gericht, dass unser Vater und Frau Müller geheiratet hätten und dass sich die Frage der Vormundschaft somit geklärt habe. Zwei Wochen nach der Hochzeit saß unser Vater wieder in der geschlossenen Anstalt. Alle waren geschockt über dieses falsche Spiel. Scheinbar konnte ihr Bruder ihr nicht mehr weiterhelfen und riet dazu unseren Vater zu heiraten, ansonsten hätte sie verloren. Über die bevorstehende Hochzeit wurde nur ihre Familie informiert. Unser Vater hatte eine große Familie, der er auch sehr nahe stand, aber niemand wusste etwas von seiner Heirat. Er kam von der Psychiatrie zum Standesamt und durfte nach der Vermählung wieder in die Anstalt. Was für ein grausames Spiel! Ich besuchte meinen Vater wieder in der Klinik und wollte von ihm wissen, warum er Ute denn nun heimlich geheiratet hätte. Er erzählte mir, dass Ute ihm versprochen hatte, wenn er sie heirate, komme er nie mehr in die Anstalt und sie würde immer für ihn sorgen und er würde nie mehr Hunger leiden oder im Keller schlafen müssen, sie wäre immer für ihn da. Außerdem erpresste sie ihn mit anderen Dingen, die ich hier nicht erwähnen möchte.

Aber was er uns damals erzählte war die Wahrheit, denn nachdem er verstarb erpresste sie uns in der gleichen Angelegenheit, um an sein Vermögen zu kommen. Leider waren wir damals sehr jung und unerfahren und glaubten ihr. Unser Vater war auf einmal so verändert, ich glaube, dass die Medikamente und die ständige Vormundschaft die er erfahren musste, ihm den Rest gaben. Er litt nun unter einem Verarmungswahn, nachdem Ute seine Konten verwaltete und er darauf keinen Zugriff mehr hatte, fing er tatsächlich an zu glauben, Ute würde für ihn sorgen. Dabei sorgte sie nur für ihr eigenes Wohlergehen, aber nicht für unseren Vater. Ich möchte Ihnen nur noch sagen, dass mein Vater von Ute ca. 7 Mal in die geschlossene Anstalt eingewiesen wurde. Kurz vor seinem Tod sagte er zu mir und meiner

Tochter, „Ute will mich umbringen." Ich fragte ihn: „Wie kannst du so etwas sagen?" „Sie gibt mir so viele Tabletten", sagte er, „ich glaube das ist nicht gut für mich, denn es geht mir danach immer schlechter." Acht Monate nach seiner Heirat mit Ute verstarb mein Vater. Er war erst 58 Jahre alt. Als ich nach der Todesursache fragte, sagte Ute: „Er hatte Wasser in der Lunge." Allerdings erfuhr ich erst 14 Jahre nach seinem Tod, dass unser Vater obduziert werden sollte, weil die Todesursache ungeklärt war, aber die Ehefrau hätte die Obduktion verweigert. Ich machte mir wahnsinnige Vorwürfe, da ich unserem Vater nicht hatte helfen können, aber ich kam gegen das Gesetz nicht an.

Heute muss ich an den Spruch der Pathologen denken: „Wenn bei jedem Verstorbenen, der ermordet wurde, eine Kerze auf dem Grab leuchten würde, wären die Friedhöfe alle hell erleuchtet." Sie können sich sicher vorstellen, dass Ute ab diesem Tag eine reiche Frau war. Sie machte mit dem vielen Geld unseres Vaters mit ihrem Bruder eine Computerfirma auf, die allerdings ein paar Monate später Konkurs anmelden musste. Ein Jahr nach dem Tod meines Vaters hat sie wieder geheiratet und zog mit ihrem neuen Mann in das Haus unseres Vaters nach Spanien. Er war auch nicht unvermögend, ist aber zwischenzeitlich auch verstorben. Aber was ich damals noch nicht wusste, wir sollten wieder von ihr hören!

Unser Vater verabschiedet sich von mir

Am Abend seines Todes brach für mich fast eine Welt zusammen. Ich hatte ein schlechtes Gewissen, denn er war noch so jung und es hätte doch einen Weg geben müssen, ihm zu helfen. Ständig quälte ich mich mit Selbstvorwürfen. Es wäre auch sicher alles ganz anders gekommen, wenn ich in der gleichen Stadt gewohnt hätte. Aber am Abend seines Todes spürte ich, dass mein Vater bei mir war. Ich hatte das Gefühl, als hätte mir jemand auf die Schulter geklopft, ich drehte mich um, konnte aber niemanden sehen. Kurz bevor er starb, sagte er noch: „Ich will meine Tochter besuchen". Es müssen seine letzten Worte gewesen sein. Ich brachte meine Kinder zu Bett und ich legte mich auf die Couch ins Wohnzimmer, wo ich hemmungslos weinte. Dabei betete ich für seine Seele, dass sie zu Gott aufsteigen möge und ein Engel sie in Empfang nimmt. Ich bat meinen Vater um Verzeihung dafür, dass ich ihm nicht hatte helfen können. Der Raum in dem ich mich befand war ganz dunkel, die Rollläden und die Vorhänge waren geschlossen. Plötzlich sah ich ein ganz helles Licht (wie Gold) an der Wand rauf und runterlaufen. Es hatte die Form einer Flamme wie bei einer großen, brennenden Kerze, nur viel größer. Mein erster Gedanke war, das muss die Seele meines verstorbenen Vaters sein, der sich von mir verabschieden wollte. Das ging 15 Minuten so und ich wurde ganz ruhig. Ich erinnerte mich an die schönen Stunden die ich mit ihm verbracht hatte.

Der Tod meines Vaters löste bei mir große seelische Qualen aus. Bereits das Wort Tod wurde zu meinem größten Feind. Ich konnte mir nicht vorstellen, dass ein Mensch, den man geliebt hat, so einfach aus unserer Mitte verschwinden kann. Ich trug immer die Angst in meinem Herzen, dass auch meine Kinder oder meine Mutter eines Tages auf so tragische Weise von mir getrennt werden könnten. Diese Angst verschlimmerte sich von Tag zu Tag. Langsam hatte ich das Gefühl, Angstzustände zu entwickeln. Ich musste ganz einfach etwas dagegen unternehmen, so konnte es nicht mehr weitergehen, dass mein ganzes Leben von Angst vor dem Tod geprägt wurde. Der Grundstein wurde bereits in meiner Jugend gelegt. Und die Lösung war, ich musste mich ganz einfach mit dem Tod befassen. Er gehört zum Leben wie die Geburt eines Menschen. Ich fing an mir Bücher zu kaufen über Engel, den Tod und vor allem verschlang ich die Bücher von Moody und Frau Dr. Kübler Ross. Eines meiner Lieblingsbücher ist „***Licht am Ende des Lebens" von Betty J. Eadie*. Es ist ein Bericht von Nah-Todeserfahrungen.** Noch heute nehme ich das Büchlein zur Hand und lese es, wenn ich traurig bin. Ich empfehle es jedem, der jemanden verloren hat, den er sehr liebt. Ich sage nicht „liebte", denn die Liebe bleibt immer bestehen auch wenn der Mensch bereits von uns gegangen ist. Wir befinden uns lediglich auf einer anderen Ebene. Es ist das Gleiche, als wenn jemand eine Reise macht, wir wissen, dass es ihn noch gibt, aber wir können ihn nicht sehen. Ich stellte fest, wenn ich mit mir selbst Frieden schließen will, muss ich mich für alles interessieren, was mit einem Leben nach dem Tod zu tun hat. Ich befragte Menschen, die bereits klinisch tot waren, nach ihren Erfahrungen. Aber alle diese Menschen waren nach diesen Nah-Todeserfahrungen sehr glücklich und freuten sich sogar auf den Tod. Manche sagten sogar, sie wünschten sich, dass der Tod sie nicht im Schlaf überrascht, denn sie möchten ihn ganz bewusst erleben. Sie schilderten mir ihre Erlebnisse, über die ich Ihnen später noch mehr berichten möchte. Was mir besonders auffiel, sie fingen alle an, ihr Leben zu verändern und sich nicht mehr so wichtig zu nehmen. Sie wurden bessere Menschen.

Wenn man die Natur mit den vier Jahreszeiten genau betrachtet, muss man sich auch fragen, wie ist es möglich, dass die Natur, die im Winter so grau, leblos und tot aussieht, sich im Frühjahr/Sommer wieder so erholen kann? Ich sage dann immer, die Natur lässt sich nicht zerstören, genau so ist es mit unserer Seele. Die Seele bleibt erhalten, wie die Pflanzen und Bäume in der Natur, die jedes Jahr wieder in einem wunderschönen neuen Kleid für uns erscheinen. Und oft kann man beobachten, wenn man im Garten einen Baum gefällt hat, versucht er immer wieder nachzuwachsen.

Ein kleines Beispiel, mein Lebensgefährte bestand darauf, in unserem Garten einen Baum zu fällen, den ich erst vor ein paar Jahren gepflanzt hatte, er war mittlerweile zehn Meter hoch. Die Weide war wunderschön gewachsen und mein Herz erfreute sich jeden Tag beim Anblick dieses schönen Baumes. Er spendete viel frische Luft und auch Schatten. Ich wusste damals nicht, dass es eine Weide war, denn ich fand das kleine Pflänzchen im Topf einer anderen Pflanze. Allerdings wollte ich sie nicht zerstören und pflanzte sie ziemlich nah am Haus. Aber dieses Pflänzchen war bereits nach ein paar Wochen einen Meter hoch. Als mein Freund dann erfuhr, wie groß eine Weide tatsächlich werden kann, stritten wir tagelang, ob der Baum nun weg soll oder nicht. Ich gab dann auf, weil ich einfach meine Ruhe haben wollte. Aber tief im Herzen wünschte ich mir, dass der Baum nicht aufgeben, und wieder wachsen solle. Dieser Wunsch wurde mir erfüllt, er kam wieder. Ich kann Ihnen nicht beschreiben, wie ich mich darüber gefreut habe. Dieses kleine Ereignis hat mir tatsächlich wieder den Beweis erbracht, dass auch unsere Seele unsterblich sein muss.

Der Tod ist keine Strafe, sondern Erlösung

Auch für mich hatte der Tod einen bösen Nachgeschmack. Bereits das Wort Tod und Beerdigung genügte, um mich in eine Art Panik zu versetzen. Das Saatkorn der Angst wurde in meiner Kindheit gelegt. Meine Großmutter nahm mich bereits im zarten Alter von vier Jahren zu jeder Beerdigung mit. Und jeder weinte und schluchzte. Eine Beerdigung bedeutete für mich als Kind immer ein Tal der Tränen, es war etwas Trauriges, Unabänderliches, Negatives, was sehr viele Schmerzen und Tränen verursachte. In den fünfziger und sechziger Jahren nahm man von den Verstorbenen zu Hause Abschied. Auch mein Großvater wurde damals im Wohnzimmer neben meinem Schlafzimmer aufgebahrt. Ich erinnere mich, wie ich nachts aufstand, in sein Zimmer ging und glaubte, er müsse doch jeden Moment wieder die Augen öffnen. Er lag so friedlich da und auf seinem Gesicht lag sogar noch ein freundliches Lächeln. Die Wand war mit lila Tüchern verhüllt und es brannten zwei große Kerzen. Die ganze Atmosphäre war eher unheimlich. Zumindest habe ich es als Kind so wahrgenommen. Die ganze Situation war für mich sehr schlimm und auch ganz schwierig seelisch zu verarbeiten.

Schon als Kind stellte ich mir die Frage, warum sterben gute Menschen so früh und böse werden uralt? Erst als ich anfing, mich mit diesem Thema zu beschäftigen, wurde mir klar, dass dieser Satz so nicht stimmt. Wir dürfen erst nach Hause, wenn wir hier auf der Erde unsere Aufgaben erfüllt und genug gelernt haben. Ein guter und gläubiger Mensch stirbt auch viel leichter als ein Mensch, der an nichts glaubt. So ist es auch erwiesen, dass gläubige Menschen weniger oft erkranken oder schneller wieder gesunden als Menschen, die keinen Halt im Glauben haben.

Aber warum sterben dann unschuldige Kinder? Wenn ein Kind stirbt, ist dies der größte Schmerz für die Eltern und Geschwister, den es im Leben gibt. Der Tod eines geliebten Kindes kann auch eine Prüfung für die Eltern sein. In der Not und im Leid rückt man näher zusammen und manche Beziehung hat sich durch den Verlust eines Kindes wieder stabilisiert. Die Seele eines Kindes ist rein, wenn sie nach Hause geht. Unser Zuhause ist nicht das Diesseits, sondern das Jenseits. Die Seele des Kindes hatte bereits ihr Ziel erreicht. Wir sind nur auf der Erde um einander zu lieben und Gutes zu tun und was ganz wichtig ist: „Wir sterben nie!" Sollten wir dies nicht verstanden haben, müssen wir immer wieder kommen, bis wir gelernt haben, was unsere Aufgabe auf dieser Erde ist. Unsere Seelen waren bereits oft auf dieser Welt ohne es zu wissen. Und es heißt, so oft wie dieser Baum sein Laub wechselt, so oft werdet ihr wiedergeboren werden. Das erklärt auch, warum manche Menschen einen Flugzeugabsturz oder schweren Autounfall überleben, ohne dass ihnen nur ein einziges Haar gekrümmt wurde. Ihr Schutzengel hielt seine Flügel schützend über seinen Schützling, um ihn vor dem sicheren Tod zu bewahren. Er muss noch etwas länger auf dieser Welt bleiben, um zu lernen oder weil er irgend eine für ihn vorgesehene wichtige Aufgabe noch nicht erledigt hat. Genau so, wie wir in die Schule gehen müssen, um fürs Leben zu lernen, schickt Gott uns, seine Kinder, auf diese Welt, um fürs Jenseits zu lernen. Auch wir schicken unsere Kinder ins Ausland, um andere Menschen, Sitten und Gebräuche kennenzulernen oder um eine Fremdsprache zu erlernen. Genau das Gleiche macht unser Schöpfer mit uns. Er ist unser Vater, der seine Kinder in diese Welt schickt, um zu lernen. Manche seiner Geschöpfe lernen schlecht, manche gar nichts, andere werden wiederum kriminell oder sie lernen überdurchschnittlich gut. Wer kommt nun weiter im Leben? Es ist wie in der Schule! Wenn wir unser Klassenziel erreicht haben, werden wir versetzt und kommen in die nächst höhere Klasse. Wenn wir aber unser Klassenziel nicht erreicht haben, werden wir die Klasse wiederholen müssen. Das erklärt auch, warum wir zeitlich auf dieser Erde gebunden sind oder aber wiedergeboren werden müssen. Wir haben unser Ziel noch nicht erreicht. Seit ich das weiß, bin ich nicht mehr so erschüttert, wenn ich erfahre, dass jemand, der mir nahe stand, verstorben ist, ich fürchte den Tod nicht mehr. Wir beten ja auch immer: „Herr, Dein Wille geschehe, wie im Himmel so auf Erden." Ein anderer Grund, warum wir länger auf dieser Welt ausharren müssen, kann auch sein, dass wir anderen Menschen, denen wir in unserem Leben begegnen, den Weg zu Gott zeigen sollen, indem wir uns um sie kümmern, sie lieben, lehren und im irdischen Lebenskampf unterstützen. Haben Sie nicht auch manchmal das Gefühl, durch welchen Zufall sie bestimmte Menschen kennengelernt haben? Es sollte so sein! Deshalb gibt es auch Redewendungen, wie z.B. „diese Menschen waren für einander bestimmt", oder „Gegensätze ziehen sich an". Was der eine nicht kann oder beherrscht, wird von dem anderen Menschen ergänzt, so ist es auch in einer Partnerschaft. Seien Sie offen für diese Menschen, denn nichts, aber auch gar nichts, geschieht ohne Grund in unserem Leben. Öffnen Sie Ihre Augen, Ihre Ohren und Ihr Herz für andere und auch für die Menschen, die sie nicht so gerne mögen. Aber öffnen Sie auch Ihr Herz für die Tiere und die Natur. Versuchen Sie in jedem Lebewesen eine Schöpfung Gottes zu sehen. Versuchen Sie Leid zu vermeiden und reichen Sie ungeliebten Menschen die Hand zur Versöhnung. Es ist leicht darüber zu schreiben, aber es zu tun, erfordert Größe. Zu verzeihen und zu lieben ist göttlich und wir sollten alle an jedem neuen Tag damit anfangen, auf Gottes Wegen zu wandeln und Gutes tun. Sie dürfen mir glauben, alles was ich hier beschreibe erfordert auch von mir sehr viel Kraft, denn auch in meinem Leben gibt es Menschen von denen ich sagen muss, mit denen kann ich nichts anfangen. Vor allem bei Menschen mit einem ausgeprägten Sinn für Selbstliebe, Egoismus, Starrsinn und Rechthaberei habe auch ich so meine Schwierigkeiten. Ich versuche ihnen aber aus dem Weg zu gehen und entschuldige ihr Tun und Handeln oftmals damit, dass sie ja noch „in der Lehre sind". Nicht im Beruf in der Lehre, nein sie lernen für Gott, fürs Jenseits. Sie sind noch rohe, ungeschliffene Diamanten, die erst dann anfangen zu leuchten und zu strahlen, wenn man an ihnen arbeitet. Gott wird noch viel an ihnen arbeiten, indem er ihnen noch viele Lektionen erteilen wird, sehr gute aber auch weniger gute. Denn es ist doch so: je besser es dem Menschen geht, um so weniger denkt er an Gott und seine Mitmenschen. Zum Beispiel in Kriegszeiten oder bei Hungersnöten halten die Menschen viel stärker zusammen.

Wo war Gott am 11. September 2001?

Diesen Satz konnte man auf der ganzen Welt in den Zeitungen lesen, als das Drama um die zwei Türme begann. Jeder fragte sich, wie diese Tragödie nur passieren konnte. Und jeden, den Sie heute, Jahre später, danach fragen: „Wo warst Du am 11. September 2001?" kann es Ihnen auch genau beantworten. Es war ein Schmerz, der sich in unser aller Seelen gefressen und unser Leben zum Teil mitgeprägt hat, ein unvergessener Tag. Wir waren alle eine Einheit, alle Amerikaner, auch Menschen die sonst wenig Regung zeigen können, hat diese Tat sehr erschüttert. Es wird ein Tag im Leben eines jeden Menschen sein, der nie mehr aus unserem Gedächtnis zu streichen ist.

Ich verbrachte den 11.09.2001 in Neuseeland. Noch ganz genau kann ich mich daran erinnern, wie dieser Tag bzw. diese Nacht für mich verlief. Wir waren bereits seit 4 Tagen in Neuseeland und mit einem Wohnmobil unterwegs. Wir hatten keinen Fernseher und das Radio war leider auch nicht funktionstüchtig, wir hatten also keinerlei Informationsquellen. Wir gingen um 21 Uhr schlafen, denn der lange Flug steckte uns immer noch in den Knochen, ich war todmüde. Gegen 2 Uhr in der Früh quälten mich ganz schlimme Träume. Ich wachte schweißgebadet auf und hatte panische Angst, so schlimm, als wenn gerade etwas ganz Furchtbares passiert wäre. „Was ist denn mit dir los", hörte ich meinen Freund sagen, denn normalerweise wachte ich nachts nie auf. „Ich hatte einen ganz schlimmen Alptraum!" „Was hast Du denn geträumt?", wollte er nun von mir wissen? Ich sagte nur: „Es war so furchtbar, dass ich darüber nicht reden kann, wäre es nicht so grausam, wäre ich auch nicht aufgewacht." Er stand auf, um mir etwas zu trinken zu holen, womit ich mich wieder beruhigen sollte. Denn ich muss in diesem Moment furchtbar ausgesehen haben. Ich hatte das Gefühl als würde sich meine Kehle zuschnüren und ich bekäme keine Luft. Aber ich konnte mich nicht beruhigen, ich war völlig aufgewühlt und spürte ständig diese Angst in mir. Ich fing an zu beten, zu Gott, zu meinem Schutzengel, denn ich wusste instinktiv, es ist etwas ganz Schlimmes passiert und ich befand mich am Ende der Welt und fühlte mich so hilflos. Ich war noch immer ganz verstört als bei meinem Freund das Handy klingelte. Es war sein Sohn. Ich hörte meinen Freund sagen: „Weißt du wie spät es bei uns ist?" Und dann hörte ich wie er fragte: „War es ein Attentat?" Als das Gespräch zu Ende war, sagte er mir, dass zwei Flugzeuge in die Zwillingstürme des World Trade Centers geflogen waren. Ich hatte Tränen in den Augen und konnte nur noch für die Menschen beten, die sich in den Türmen befanden und keine Chance hatten dem Inferno zu entkommen. Genau in dem Moment, als ich diesen schlimmen Traum hatte (wegen der Zeitverschiebung) ist dieses schlimme Attentat passiert. Noch heute bin ich emotional so berührt, dass ich während des Schreibens in Tränen ausbreche. Und ich erinnere mich noch an den Tag als ich mit meiner Freundin Marianne vor etwa 20 Jahren vor den beiden Türmen in New York stand und ich mich weigerte, mit dem Lift in das oben gelegene Restaurant zu fahren. Ich hatte zwar keine Höhenangst, aber ich weiß noch, wie ich sagte: „Ich könnte nie in so einem Haus leben oder arbeiten, denn es ist unnatürlich hoch und erinnert mich an den Turmbau von Babel."

Den Satz, wo war Gott am 11. September kann man so nicht stehen lassen!!! Es müsste eigentlich heißen: „Was machten die Menschen am 11.September?" Die kleinen Kreaturen, die Gott erschaffen hat? Warum bauen sie Häuser, die bis in den Himmel reichen? Es hat mit Macht und Gewinn zu tun! Die Menschen haben versagt! Nicht Gott! El Kaida wurden so groß, weil sie finanziell gegen die Russen von den USA unterstützt wurden. Sie gaben El Kaida die Hilfe und Unterstützung mit der sie uns heute vernichten wollen. Am Flughafen wurde so nachsichtig kontrolliert, dass die Terroristen unbemerkt in die Flugzeuge kommen konnten. Bereits vor dem Anschlag wurden die Sicherheitsbehörden vor einem derartigen Angriff gewarnt. Es gab Filme und Videospiele, die genau dieses Inferno zeigten und Verrückte und Fanatiker fühlten sich dazu ermutigt. Der Tod ist für Moslems keine Strafe oder etwas Negatives, im Gegenteil für sie ist der Tod der Weg zu Allah. In dieser Beziehung haben sie uns etwas voraus. Aber es ist passiert und wir müssen daraus lernen. Sicher war es auch Gottes Wille. Er alleine entscheidet über Leben und Tod, nicht die Terroristen. Wer hätte geglaubt, dass aus diesem Flammeninferno noch so viele Menschen lebend heraus kommen? An diesem Tag sind so viele Wunder geschehen, sehr viele Menschen wurden von ihrem Engel beschützt, denn sonst hätten sie nicht überlebt. Einige haben verschlafen oder sie mussten vor Dienstbeginn noch etwas erledigen. Manche standen im Stau oder das Baby war erkrankt und musste zum Arzt gebracht werden. Alles Zufall oder Gottes Wille? Aber es gab auch Mitarbeiter, die an diesem Tag hätten frei haben sollen und dann gebeten wurden einen anderen Mitarbeiter zu vertreten. Ein junger Deutscher, der gar nicht im World Trade Center arbeitet, traf sich geschäftlich mit einem Vertreter im Restaurant. Sind das alles Zufälle? Nein, wenn unsere Zeit gekommen ist, kann es uns überall auf der Welt treffen, Gott wird uns finden. Es war ein Fingerzeig Gottes, der zur Besserung und zur Nächstenliebe aufrufen sollte. Auf einmal zeigten alle Menschen Mitgefühl, aber leider nur für kurze Zeit. Genau ein Jahr später habe ich mir die Gedenkfeier für die Verstorbenen im Fernsehen angeschaut. Die Menschen, die diese Stunden miteinander verbrachten, berichteten, **sie hatten das Gefühl, die Seelen der Verstorbenen waren unter ihnen.** Es herrschte eine unerklärliche Atmosphäre. Es wehte ein lauwarmer Wind, der das Gefühl hervorrief, es seien die Seelen der Verstorbenen, die der Zusammenkunft beiwohnten. Hoffentlich hat Gott den Terroristen vergeben, denn sie handelten nicht in seinem Namen, auch wenn sie das immer behaupten.

Jeder bestätigte, dass sich seit dem Attentat die Einwohner von New York verändert haben. Sie sind zusammengewachsen, sind freundlicher zueinander. Auch ich konnte die Kälte und Ignoranz der Menschen in New York vor dem Attentat erleben. Ich sagte noch zu meiner Freundin: „Diese Stadt macht mir Angst, die Menschen hier sind anders als überall in Amerika. Lass uns weiter reisen". Ich war nur drei Tage in New York und fühlte mich unwohl in der großen, neuen Stadt. Jeder hetzte, keiner würdigte den anderen nur eines Blickes. Sprach man jemanden an, um nach dem Weg zu fragen, umklammerten diese ihre Handtaschen. Alle hatten vor irgend etwas Angst. Genau wie wir! Gott beschütze diese Stadt, die von so vielen Verrückten als Angriffsfläche benutzt wird.

Verstorbene suchen den Kontakt zu uns

Es geschieht so oft, dass sich unsere Verstorbenen zu erkennen geben, aber wir sehen die Zeichen nicht oder wir tun es ab als Einbildung. Genau so ist es mir am Anfang auch ergangen, bis ich wusste, dass es mein Vater war, der ständig meine Nähe suchte. Jetzt, nachdem ich mich intensiver damit beschäftigt habe, kann ich die Zeichen aus dem Jenseits deuten und erkennen. Aber wie viele Möglichkeiten hat ein Verstorbener, sich aus dem Jenseits zu melden? Ich werde Ihnen erzählen, was mir bis heute alles Unheimliches passiert ist. Erzählen ist vielleicht das falsche Wort, denn erzählen hört sich wie ein Märchen an. Es ist die Wahrheit und ich habe auch viele Menschen in meinem Bekanntenkreis, die dies bestätigen können.

Als meine Tochter mit 15 Jahren von der Schule nach Hause kam und mir berichtete: „Mama, der Opa hat sich bei mir gemeldet und er möchte dich heute Abend sprechen", dachte ich, meine Tochter spinnt. Ich sagte: „Ich glaube das Gymnasium bekommt dir nicht so gut, du redest heute etwas wirr. „Nein, Mama wir machen das jeden Tag nach der Schule im Pensionat, Gläserrücken. (Es war eine Nachmittagsschule). Und heute hat sich beim Gläserrücken der Opa gemeldet und gesagt, er möchte auch mit dir sprechen." Als ich von der Arbeit kam, bereitete sie alles fürs Gläserrücken vor. Ich hatte wenig Ahnung davon. Wir saßen nun da, aber es tat sich nichts. Sie konnte es kaum glauben, denn es hatte bei ihr und ihren Freundinnen immer wunderbar geklappt. Ich sagte dann ganz laut: „Papa, ich gehe jetzt zum Turnen und wenn ich zurück komme und es nicht klappt, gibt es kein nächstes Mal." Nach dem Sport versuchten wir es wieder und tatsächlich, wir hatten Kontakt zu meinem Vater. Er beantwortete mir Fragen, die für mich alle offen waren und viele Jahre später musste ich feststellen, was ich vermutet habe, hatte sich bestätigt, so wie er es mir gesagt hatte. Es ging da nicht um Lottozahlen, sondern um ganz private Dinge, die nur mein Vater oder jemand aus der Familie wissen konnte. Man kennt doch das Sprichwort: „Wenn man die Geister ruft, wird man sie nicht mehr los." Von diesem Tag an spürte ich fast täglich ganz deutlich die Nähe meines Vaters. Wenn er im Raum war, wehte ein ganz kräftiger Windzug durchs Zimmer, obwohl es nicht windig war und alle Fenster verschlossen waren. Die Situation erschreckte mich aber nicht, sondern es beruhigte mich. Dann fing die Uhr an stehen zu bleiben. Immer am Abend um 22:55 Uhr. Die Uhr wurde vom Uhrmacher kontrolliert, aber sie war nicht defekt, sondern vollkommen in Ordnung und die Batterie war neu. Ich machte mir immer Gedanken, was ist denn um diese Uhrzeit passiert, oder was wird um diese Uhrzeit noch passieren? Ich erinnere mich noch an einen Urlaub in Mexiko als ich zu meinem Freund sagte: „Ich glaube nicht, dass in dieser einsamen Gegend die Uhr stehen bleibt, denn mein Vater wird mich hier nicht finden." Aber genau das geschah: um 22:55 Uhr, blieb die Uhr wieder stehen. Das ist Beweis genug, dass sich die Seelen frei bewegen können. Sie können mit uns reisen, bis ans Ende der Welt. Denn er musste meine Aussage ja gehört haben. Die Uhr blieb ja nicht jeden Abend stehen. Aber wenn ich ihn darum bat, oder davon sprach, passierte es. Erst Jahre später erfuhr ich, was 22:55 Uhr für eine Bedeutung haben würde. Diese Uhrzeit öffnete mir die Augen. Aber davon werde ich in einem anderen Kapitel berichten.

Meine Freundin, deren Vater verstarb, erzählte mir, immer wenn die Familie zusammen saß, was etwas 5 bis 8 Mal im Jahr vorkam, blieb ihre Küchenuhr stehen. Sie vermutet es sei ein Zeichen, dass auch ihr Vater in der Runde sei, sagte sie zu mir. Ich konnte das nur bestätigen, denn ich hatte bereits sehr viele wunderbare Erlebnisse mit meinem verstorbenen Vater, die ich nicht missen möchte. Er hat mich oft aus einem Tal der Tränen herausgeholt, wenn ich verzweifelt war. Und es gibt wohl kaum einen Menschen, der nicht einmal keine Hoffnung im Leben sieht und verzweifelt ist. Ich kann mich an einen Tag erinnern, an dem ich jämmerlich weinte und dachte, wie ist das Leben so grausam, ich wollte nur noch ich wäre tot. In diesem Moment ging die Wohnzimmerlampe an und aus und an und aus, bis ich ruhiger wurde. Trotzdem wollte ich die Gewissheit, dass es tatsächlich mein Vater war, denn es war das erste Mal, dass dies geschah und ich tat es als einen Zufall ab, die Glühbirne musste einen Wackelkontakt haben.

Ich wollte das Ganze so nicht hinnehmen und als wir bei der Arbeit in einer Besprechung zusammen saßen, sagte ich zu mir selber, Papa, wenn du in diesem Raum bist, dann lass die Lampe an- und ausgehen. Und was passierte? Die Lampe ging an und aus und jeder schaute ganz entsetzt auf die Lampe und schüttelte den Kopf. Natürlich erzählte ich nichts, denn was sollten die Arbeitskollegen von mir denken. Es kam nun ständig vor und besonders, wenn ich Probleme hatte. Wenn ich dann anfing zu zweifeln wechselte ich die Glühbirne aus, oder ich sagte: „Papa, wenn du es wirklich bist, dann lass die Lampe dreimal hintereinander an- und ausgehen" und das passierte dann auch. An Weihnachten sagte ich: „Papa ich wäre so glücklich, wenn du Weihnachten mit uns feiern könntest und hier wärst" und die Lampe ging dreimal an und aus. Sie können sich gar nicht vorstellen, was dies für ein schönes Gefühl ist, wenn man sich so mit seinen Verstorbenen verständigen kann.

Es passierte auch schon, dass er sich in Gespräche regelrecht eingeschaltet hat. Als mein Bruder mich besuchen kam sprachen wir darüber, dass ich eine Untersuchung der Schilddrüse hatte. Der Arzt wollte mich nach dem Test sofort in ein Krankenhaus einweisen, um die Schilddrüse entfernen zu lassen, da sie total verknotet und bis zu achtmal vergrößert war. Mein Bruder sagte: „Du musst das sofort machen lassen, denn das kann gefährlich werden, wenn du nicht ins Krankenhaus gehst!" Und wieder ging das Licht mehrmals an und aus. Als ob mein Vater seine Worte bestätigen wollte. Was ist denn mit dem Licht los?", fragte er. Ich sagte nur zu meinem Bruder, dass Papa der gleichen Meinung sei und erklärte ihm was mir bereits seit langer Zeit passiert. Ich konnte sehen, wie er Tränen der Rührung in den Augen hatte.

Versuchen Sie den Tod eines Verstorbenen nie als etwas Endgültiges zu sehen, das wird Ihnen dann auch den Trost geben, den Sie für ein Weiterleben ohne den

Verstorbenen benötigen. Die Verstorbenen **leben!** Sie leben sogar weitaus glücklicher als wir auf der Erde. Wir können sie nicht sehen aber wir spüren sie. Manchmal hat man auch das Glück sie zu sehen. Hätte ich nicht so viele schöne Erfahrungen mit meinem Engel und den Verstorbenen machen dürfen, hätte ich dieses Buch nie geschrieben, denn es ist etwas Wunderbares, wenn man so viele schöne Erlebnisse an andere weitergeben und sie vielleicht damit glücklich und glauben machen kann, das die Verstorbenen bei uns sind, was von so vielen Menschen als Blödsinn abgetan wird. Aber nach der großen Trauer um Verstorbene hatte ich das Glück, so viele Antworten auf meine unbeantworteten Fragen zu bekommen. Auch Sie müssen offen sein für dieses Thema und sich damit beschäftigen. Sicherlich ist Ihnen bereits schon sehr viel Schönes passiert aber Sie haben genau wie ich am Anfang nicht darauf geachtet und es als Zufall abgetan.

Und ich erinnere mich noch genau an den Besuch einer Freundin, der ich erzählte, was ich bereits alles Übersinnliches erlebt hatte. In diesem Moment als sie sagte: „Ich glaube die Verstorbenen mögen es, wenn man an Sie denkt, von Ihnen spricht und mit Ihnen Kontakt aufnimmt." Genau in diesem Moment ging das Licht an und aus. Dadurch hat sich all dass, was ich ihr vorher erzählt hatte, bestätigt. Es gelang uns an diesem Abend mehrfach die Zustimmung meines Vaters zu erhalten. Warum tun wir nicht, was unsere Verstorbenen wünschen? Sie möchten, dass wir mit ihnen Kontakt aufnehmen. Auch wenn es in Form eines Gebetes für ihre Seele ist. Denn wir wissen nicht genau auf welcher geistigen Ebene sie sich gerade befinden. Aber wir können sicher sein, wenn wir für sie beten und ihnen das verzeihen, was sie uns eventuell zu Lebzeiten angetan haben, werden sie schneller auf eine höhere Ebene aufsteigen können.

Gerade jetzt, wo ich diese Zeilen schreibe, ging die geschlossene Tür meines Arbeitszimmers von alleine auf und ein sanfter Windzug kam herein. Es ist ein warmer Tag und die Sonne scheint und kein Lüftchen geht. Aber dies ist wieder ein kleiner Beweis für mich, dass die Verstorbenen in unserer Nähe sind und sehr wohl wissen, wie es in unserem Leben weitergeht.

In letzter Zeit passierte es sehr oft, dass sich der Fernseher ein- und ausschaltete. Allerdings ergaben die Gespräche, die dann im Fernsehen liefen, einen Sinn und ich tat es nicht mehr als einen Zufall ab. Wenn mein Freund Nachtdienst hat, gehe ich immer nach dem Duschen ins Bett und ich schaue dann vom Bett aus noch ein wenig fern. Des Öfteren musste ich mich ärgern, weil sich ständig die Fernsehprogramme änderten. Die Fernbedienung lag 1 m von mir entfernt und das Programm wechselte ohne mein Zutun und das mehrmals am Abend. Aber was mir dann in dieser Nacht passierte, gab mir zu denken. Gegen 4 Uhr am Morgen schaltete sich auf einmal das Fernsehen ein, es war ganz laut, so dass ich davon aufwachen musste. Bei der Sendung handelte es sich um eine Talkshow. Auf einmal hörte ich die Worte eines Mannes in der Talkshow: „Ich bin dein Vater, ich bin heute hier, um Dir zu sagen wie sehr ich Dich liebe." Gibt es solche Zufälle? Wie ist es möglich, dass gerade um diese Zeit der Fernseher angeht, ohne dass ich ihn angemacht habe und ein Mann in der Talkshow genau diesen Text zu seiner Tochter sagte? Ich konnte nur sagen: „Papa ich liebe dich auch und ich danke dir für die Nachricht, auch wenn du es mir nicht selbst sagen konntest, habe ich es trotzdem verstanden." Ist es nicht komisch, dass ich meinem Vater im Tod näher bin als im Leben? Zu seinen Lebzeiten habe ich ihn abgelehnt, weil ich ihm die Schuld dafür gab, dass unsere Familie getrennt wurde. Nach seinem Tod bete und denke ich täglich an ihn, weil wir uns nicht voneinander verabschieden konnten. Ich konnte ihm auch nie sagen, dass ich ihn geliebt habe, was ich jetzt fast täglich tue und auch kann. Und was ganz wichtig ist, es ist nicht nur so daher gesagt, es kommt tatsächlich von ganzem Herzen. Ich glaube der schlimmste Abschied von einem Menschen ist der, wenn jemand morgens aus dem Haus geht und am Abend nicht mehr zurück kommt und man sich vorher gestritten hat. Deshalb versuche ich immer, mit den wenigen Familienmitgliedern, die mir noch geblieben sind, ohne Streit auseinander zu gehen, denn es könnte ja das letzte Mal sein, dass man sich sieht. Und der Schmerz wiegt schwer, wenn man sich nicht mehr sagen konnte, dass man sich lieb hat.

Ich kann mich noch genau an den Tag erinnern, als meine Tochter heiraten wollte. Wir waren alle in der Kirche um den großen Tag zu feiern. Ihr Mann hatte kurz zuvor seine Mutter verloren, die er auch sehr liebte. In Gedanken betete ich für sie und meinen Vater und alle Verstorbenen die mir sehr nahe standen und ich erwähnte in dem Gebet, wie traurig ich sei, dass sie diesen wunderbaren Tag nicht mehr miterleben können. Im gleichen Moment kam der gewohnte Luftzug und ich hörte eine Dame, wie sie hinter mir zu ihrem Mann sagte: „Kannst du mir jetzt sagen, warum es auf einmal hier so zieht?"

Mein Schwiegervater, den wir alle sehr lieben, verstarb ein paar Tage nach seinem Geburtstag. Seine Beerdigung war am 12.11.2004. Meine Tochter fuhr nach Verden, um sich ein letztes Mal von ihm zu verabschieden. Es war für uns alle ein sehr trauriger Tag, denn er hatte ein sehr liebes Wesen und brachte uns immer alle zum Lachen. Er war ein ganz besonderer Mensch, einen besseren Schwiegervater hätte ich mir nicht wünschen können. Ich liebte ihn, wie einen eigenen Vater. Als meine Tochter aus Norddeutschland zurückkam, erzählte sie mir etwas, was uns allen zu denken gab.

Am Tag seiner Beerdigung zerbrach der Ring seiner Ehefrau in zwei gleich große Teile. Sie waren über fünfzig Jahre glücklich verheiratet und genau am Tag seiner Beerdigung ging der Ring, der so viele Jahre gehalten hatte kaputt. War es Zufall oder wollte er uns damit etwas sagen?

Der Schmetterling und der Spatz, Zufall oder ein Zeichen?

Es war ein herrlicher, sonniger Tag am 13.7.2003. Dieser Tag war mein Geburtstag und ich hatte nichts weiter vor, als nichts zu tun und zu faulenzen, denn ich war sehr gestresst, seit ich meinen Unfall hatte. Nichts war mehr für mich wie es vorher war. Bereits ein paar Stunden Arbeit genügten, dann musste ich mich wieder hinlegen. Ich hatte mir eine Woche Urlaub genommen, um ein wenig zu lesen und einfach mal nichts zu tun. Ich ging zum Schwimmen in den Garten. Es war in der letzten Zeit die einzige Sportart die mir keine Schmerzen bereitete. Die Schwerelosigkeit im Wasser tat richtig gut. Ich dachte wie immer an meinen Vater. Es gibt eigentlich keinen Feiertag oder Geburtstag an dem ich nicht an ihn denke. Gedanklich sagte ich zu ihm: „Papa, ich würde mich so sehr über ein Zeichen von Dir zum Geburtstag freuen." Aber ich fragte mich auch, was für ein Zeichen er mir schon schicken konnte, hier im Garten? Kein Strom, kein Licht, nichts, was sich rühren könnte und ich dachte schon, was für ein Quatsch, hier von meinem Vater ein Zeichen zu verlangen, fast unverschämt.

Ich stieg dann die Leiter hinunter ins Wasser und in diesem Moment kam ein weißer Schmetterling auf mich zugeflogen. Dieser flog genau so lange neben mir, wie ich im Wasser war und das waren fast 20 Minuten. Er flog immer neben mir her, genau die Runden, die ich schwamm.

Dann kam ein kleiner Spatz und setzte sich auf den Beckenrand des Schwimmbades. Er schien keine Angst vor mir zu haben und blieb auch sitzen, als ich zu ihm sprach. Aber selbst das konnte ich kaum fassen und wollte ein neues Zeichen. Als ich aus dem Schwimmbad ging, flog der Schmetterling wieder weg, aber ich wollte, dass er wieder kommt, damit ich das Erlebte wirklich glauben kann. Und zu meinem Erstaunen kam er wieder und flog mehrmals um mich herum. Ist es nicht komisch, dass es uns so schwerfällt an außergewöhnliche Sachen zu glauben? Selbst ich, ein Mensch, dem schon so viel Wunderbares passiert ist, sucht immer wieder nach einer neuen Erklärung oder nach neuen Beweisen, damit ich das Gegenteil behaupten kann. Ich versuche es wie alle Menschen immer als einen Zufall abzutun, bis zu dem Punkt, an dem man nicht mehr an einen Zufall glauben kann.

Als der Lebensgefährte meiner Mutter verstarb (sie lebten 35 Jahre zusammen) saß nach seinem Tod jeden Tag und das über einen Zeitraum von vielen Wochen täglich ein Schmetterling in ihrem Schlafzimmer. Sie rief mich fast täglich zu sich ins Schlafzimmer um es mir zu zeigen, denn es war tatsächlich ein Phänomen, das einem zu denken gab. Wenn man sich Gedanken darüber macht, entpuppt sich ja die Raupe zu einem wunderschönen Schmetterling. Man nennt diese Verwandlung auch die Metamorphose - spätere Gestalt. Vielleicht ist dies der Grund, warum Schmetterlinge nach dem Tod eines geliebten Menschen so oft vorkommen. Die

Raupe könnte den lebenden Menschen verkörpern (plump, unbeweglich, unfrei in seinem Körper) und der Schmetterling die Umwandlung nach dem Tod (frei, schwerelos und beweglich). Ihr Schmetterling kommt seit seinem Tod jedes Jahr.

Mein Engel ist mein bester Freund!

Vor vielen Jahren fing ich an, den Kontakt zu meinem Engel zu suchen und ich muss sagen, mein Engel wurde mein bester Freund. Ich kenne seinen Namen nicht, aber ich weiß, er ist da wenn ich ihn brauche und durch ihn ist mir schon viel Gutes widerfahren. Er bietet mir Schutz in allen Lebenssituationen und habe ich ein Problem, rede ich mit ihm. Sobald ein neues Engelbuch herauskam, habe ich es gekauft und gelesen. Immer wieder war ich begeistert von der Gnade und Hilfe, welche uns Menschen durch die Gesandten Gottes bereits widerfahren ist. Engel stehen im Dienste Gottes und wir sollen sie nicht anbeten, aber sie freuen sich, wenn wir sie um etwas bitten. Ich habe mit meinem Schutzengel ausgemacht, wann immer ich traurig bin, soll er mir ein Reh am Straßenrand oder im Wald begegnen lassen. Wenn Sie es mir vielleicht auch nicht glauben, aber es war sehr oft der Fall, dass er mir diesen Wunsch erfüllte. Manchmal saß ich im Zug und sah dann am Waldrand die Rehe stehen. Es kam auch vor, dass wir im Auto saßen und ein Reh stand an der Seite der Straße. Und immer dann, wenn ich sagte, heute bin ich besonders traurig, sah ich sie zu den unmöglichsten Uhrzeiten da stehen.

Ich kann mich noch erinnern, wie mich ein Bekannter meiner Mutter zu einem Gottesdienst in die Schweiz einlud. Es war ein Ostergottesdienst und noch nie zuvor habe ich so einen Gottesdienst erlebt. Die Messdiener/

innen kamen als Engel angezogen in die Kirche und standen um den Altar. Die Menschen um mich herum waren so freundlich und aufrichtig, wie ich es zuvor nirgendwo erlebt hatte. Es ist mir noch nie passiert, aber ich habe fast eine Stunde in dem Gottesdienst geweint, weil ich so etwas Schönes noch nie erlebt hatte. Alles war einzigartig. Der Gesang, der Priester, die Menschen, die Predigt, es war einmalig. Anschließend gingen wir noch in das Vereinshaus der Kirche zum Essen und wir saßen am Tisch neben einer Ordensschwester. Auf einmal roch ich ständig Weihrauch. Keiner im Raum konnte diesen Geruch wahrnehmen nur ich. Die Ordensschwester, die ich fragte, ob sie diesen Weihrauchgeruch auch wahrnehmen könne, sagte zu mir: „Haben Sie ein Glück, ich bewundere Sie dafür, dass Sie das erleben dürfen, es ist eine Gnade dies zu erleben." Ich habe sie nicht ganz verstanden. Es war eher komisch in meinen Augen, dass ich während der ganzen Zeit Weihrauch roch, den kein anderer wahrnehmen konnte, außer mir.

Meine Mutter wollte noch bei Ihrer Freundin bleiben und sie brachten mich zum Zug nach Konstanz um nachhause zu fahren. Als ich in den Zug einstieg, packte ich mein Engelbuch aus und fing an darin zu lesen. Ich dankte meinem Engel noch für den schönen Tag und sagte, wie schön es doch wäre, wenn ich jetzt noch ein paar Rehe sehen dürfte. Und ein paar Minuten später sah ich sie am Waldrand stehen. Was mir anschließend passiert ist, kann ich mir bis heute nicht erklären. Ich las in dem Engelbuch, dass es einen Engel der Tiere gibt und einen Engel des Feuers. Als ich den Satz las: „Verbrenne alles und fange wieder neu an", fing es in meinem Abteil an zu riechen, als würde der ganze Zug in Flammen stehen. Ich dachte, jetzt fange ich aber langsam an zu spinnen! Mittags nach der Kirche rieche ich Weihrauch und am Nachmittag riecht es, als würde der Zug in Flammen stehen. Ich war wie gelähmt, dann sagte ich zu meinem Engel: „bitte zeige mir, dass ich noch normal bin und mir das nicht einbilde." In diesem Moment rief jemand: „Feuer, Feuer, Feuer!" Aber man konnte keinen Rauch sehen, doch der Raum roch, als ob das ganze Abteil in Flammen steht. Ich öffnete das Fenster und herein kam der schönste Tannenduft den ich jemals gerochen habe. Bis heute habe ich dieses Erlebnis nicht vergessen, aber ich habe es auch nicht so richtig verstanden. Hatte es etwas mit dem Besuch in der Kirche zu tun? Oder sollte ich mein Leben neu gestalten? Eines weiß ich ganz bestimmt, ich bin gläubiger geworden, als ich es vorher war. Ich sehe in allem, was im Leben eines Menschen geschieht, einen Sinn. Früher sah ich es als Strafe oder Unglück an, aber heute weiß ich, es ist unsere Aufgabe dieses Schicksal, dass Gott uns auferlegt, zu bewältigen und anzunehmen.

Der schönste Tag in meinem Leben war, als ich meinen Engel sehen konnte. Der Tag an dem ich ihn in seinem vollen Glanz sehen durfte, war am 28.08.2002 morgens um 1:30 Uhr. Es ist ein Tag den ich in meinem Leben niemals vergessen werde. Bereits vorher hatte ich Erscheinungen. Aber diese war so beeindruckend, dass ich mich veranlasst fühlte, dieses Buch zu schreiben. Wenn man so etwas Einzigartiges erlebt hat, muss man es einfach den Anderen mitteilen. Vielleicht war das auch der Grund, dass ich ihn sehen durfte.

Es war ein Tag den ich lieber aus meinem Gedächtnis streichen möchte. Ich hatte einen großen Streit mit meinem Freund und es sah aus, als ob wir uns nach vielen Jahren trennen würden. Ich hatte so einen Hass in mir, dass ich ihm und mir alles Böse wünschte, ich kannte mich in diesem Moment selbst nicht mehr. Er hatte mich nach einer langjährigen Beziehung während einem Lehrgang mit einer anderen Frau betrogen und er musste wieder in diese Stadt, um an einem weiteren Lehrgang teilzunehmen. Auf jede Frage die ich ihm stellte, bekam ich keine Antwort. Er blieb stumm wie ein Fisch. Und diese Tatsache war für mich schlimmer, als wenn er mich angebrüllt oder etwas gesagt hätte. In diesem Moment verwandelte ich mich von einem zivilisierten Menschen in eine Furie. Ich fing an zu toben, warf mit Gläsern und erschrak vor mir selbst. Unter normalen Umständen wäre ich zu so etwas nie fähig gewesen. Für mich war es wichtig, in Frieden und Eintracht mit den Menschen in meiner Umgebung zusammen zu leben. Diese Reaktion war mir neu. Er wollte die Nacht im Wohnzimmer verbringen. Ich ging zurück ins Schlafzimmer und ich erinnere mich noch ganz genau, meine Gedanken waren nicht mehr gut und edel, sondern ich hatte nur noch schwarze Gedanken. Mein Herz, meine Seele, ja mein ganzer Körper, alles war nur noch von Hass erfüllt. Ich wollte sterben, denn Betrug und Unwahrheit das waren Dinge, mit denen ich nicht umgehen konnte. Dann weinte ich mich in den Schlaf. Plötzlich spürte ich, wie mir jemand ganz zart und gefühlvoll auf die Schulter klopfte. Ich dachte noch, dass kann er nicht sein, denn mein Freund ist sehr nachtragend, er kann sich weder entschuldigen noch kann er etwas verzeihen. Mit diesen Gedanken drehte ich mich um und sah das Wunderschönste, was ich je in meinem Leben gesehen hatte. Vor mir stand ein Engel. Er strahlte heller, als wenn jemand im Raum Strahler angemacht hätte. Seine ganze Kontur war helles, strahlendes Licht. Das Licht formte sein Gesicht, seine Figur, seine Haare. Ich kann diese Schönheit nicht in Worte fassen. Der Engel war nicht größer als 1,50 m. Sein Gesicht sah aus wie das Gesicht der Engel die man in der Kirche sieht nur viel lieblicher. Sogar die Frisur war engelsgleich und sein schönes Gesicht war mit goldenen Locken eingerahmt. Er stand mir greifbar nah und er schaute mich nur an.

Wir verstanden uns ohne Worte. Er war so schön, man kann ihn einfach nicht beschreiben. In diesem Moment durchflutete meinen ganzen Körper nur noch Liebe und Geborgenheit, alle bösen Gedanken waren wie weggefegt. Ich wünschte, ich könnte Ihnen das übermitteln, was ich in diesem Augenblick erlebt und gefühlt habe. Dieses Bild hat sich in diesem Moment für mein ganzes Leben eingeprägt. Oft schließe ich die Augen und sehe den Engel vor mir, wie ich ihn damals gesehen habe und ich bitte Gott, noch einmal diese Gnade erfahren zu dürfen, wie ich es an diesem Tag durfte. Aber er hat sich mir seither nicht mehr gezeigt.

Was er mir allerdings gezeigt hat, war die Gnade, Menschen mehr zu lieben und besser zu verstehen. Es waren nicht mehr als fünf Minuten die ich mit dem Engel zusammen in einem Raum sein durfte. Aber kurz nachdem er aus meinem Leben verschwand, ging die Tür auf und mein Freund kam herein. Er legte sich neben mich und ich hatte die Kraft ihn in den Arm zu nehmen und ihm zu verzeihen. Seit dieser Zeit haben wir weniger Probleme miteinander. Dieser eine Tag in meinem Leben hat sehr viel in meinem Leben verändert und ich muss sagen, vieles hat sich zum Positiven gewandelt. Vielleicht heißt dies, das Alte verbrennen (Gefühle) und wieder neu anfangen. Mein Engel hat mir geholfen, den Hass in mir zu vertreiben und wieder neu anzufangen. Und mit seiner Hilfe ist es mir gelungen andere besser zu verstehen. Eigentlich ist es mir peinlich so viel aus meinem Familienleben zu erzählen. Aber man könnte einiges nicht verstehen, würde ich Ihnen nicht alles erzählen und anlügen möchte ich Sie nicht. Die Begegnung mit meinem Engel geschah kurz nach meinem Unfall, vielleicht sollte mich dies auch ein wenig trösten.

Aber ich bin nicht der einzige Mensch, dem Engel begegnen. Es ist eine sehr große Gnade und Freude, die jemandem dadurch zuteil wird. Allerdings bin ich jetzt davon überzeugt, dass uns Engel begegnen, wenn wir uns in Zeiten sehr großer Not befinden und unser Engel uns mit seiner Liebe und Kraft unterstützen möchte.

Ich lernte Tanja bei John Olford dem Medium kennen und wir unterhielten uns über mein Buch und über Engel. Ich fühlte mich zuerst ein wenig unwohl, mit jemanden über mein Engelerlebnis zu reden, bis Tanja zu mir sagte: „Ich habe auch meinen Engel gesehen." Ich bat sie, mir davon zu erzählen.

Ich möchte mich an dieser Stelle bei Tanja bedanken, dass sie mir die Erlaubnis gab, es zu veröffentlichen, denn es wird sicher sehr vielen Menschen in Notsituationen helfen, denn auch sie war in einer Extremsituation, in der sie ausweglos gefangen war.

Vor 11 Jahren befand sich Tanja in einer sehr schlimmen, depressiven Phase. Wo immer sie auch Hilfe suchte, konnte man ihr nicht helfen. Sie hatte das Gefühl, aus diesem Teufelskreis nicht mehr herauszukommen. Sie fühlte sich von allen missverstanden und allein gelassen. Ihre letzte Hoffnung war ihr damaliger Freund, dem sie dann auch einen Besuch abstattete. Leider musste sie dann aber feststellen, dass auch er ihr nicht helfen konnte oder wollte. Ohne sich noch lange bei ihm aufzuhalten, setzte sie sich wieder in ihr Auto und fuhr mit hoher Geschwindigkeit nach Hause. Auf dem Heimweg überkam sie auf einmal eine unwahrscheinliche Todessehnsucht, denn niemand verstand sie. In ihr reifte von einer Sekunde zur anderen der Entschluss, sich das Leben zu nehmen und zwar mit dem Auto. Sie wollte ihrem Leben ein für alle Mal ein Ende setzen. Als sie mit diesen düsteren Gedanken an einem Friedhof vorbeifuhr, sah sie auf der rechten Seite eine schwarze Gestalt am Straßenrand stehen. Sie drehte sich noch einmal nach der düsteren Gestalt um, aber sie war verschwunden. Plötzlich überkam sie ein Gefühl der Angst. Sollte diese schwarz gekleidete Gestalt bereits der Tod gewesen sein, der auf sie wartete? Ängstlich und viel langsamer fuhr sie nun nach Hause und parkte ihr Auto in der Garage. Doch die Angst verfolgte sie bis vor die Wohnungstür. Ängstlich schloss sie die Tür auf und da stand er in einem wunderbaren, hellen Licht, ihr Schutzengel! Er war ein wenig größer als sie, alles leuchtete in einem ganz grellen Weiß aber so, dass es nicht in den Augen weh tat, eher beruhigte. Ihr Engel war weiblich mit langen Haaren und die Flügel berührten fast den Boden. Als sie auf ihren Engel zuging überkam sie ein Gefühl von Ruhe und Frieden und in diesem Moment wusste sie, alles wird wieder gut werden. Das Erlebte ist kaum in Worte zu fassen. Sie berührte ihren Engel nicht und sprach auch nicht mit ihm. Aber all ihr Kummer und ihr ganzes Leid waren auf einmal nicht mehr vorhanden. Sie schlief in dieser Nacht zum ersten Mal wieder sorgenfrei ein. Tanja geht es noch immer sehr gut und sie verfiel nie mehr in diese einmal vorhandene Depression. Was mich bei ihrem Bericht sehr beeindruckt hat, waren ihre Schlussworte: „Ich bin sehr dankbar, dass mein Engel sich mir gezeigt hat, nun weiß ich, kein Mensch ist jemals allein."

Tanja fühlte ganz genau wie ich nach meiner Engelbegegnung: Angst, Hass, Wut, alle negativen Gedanken werden bei der Begegnung mit unserem Engel ausgelöscht, unsere Gedanken werden edel und die Liebe zu unseren Mitmenschen wird größer. Von einer Minute zur anderen kann man wieder verzeihen. Man fühlt sich leicht, glücklich, zufrieden mit sich und der ganzen Welt, so als hätte die Nähe des Engels unser Herz und unseren Geist gereinigt.

Ich wünsche mir für Sie, dass Sie auch einmal Ihrem Engel begegnen, denn dieses Gefühl ist das Schönste, was ein Mensch erleben kann, ein wenig der Göttlichkeit näher zu kommen, denn Engel sind von Gott gesandt, die uns aus unserem Tief heraus holen und wieder auf den richtigen Weg zu Gott führen. Denn Todes- und Selbstmordgedanken sind nicht göttlich. Aber der Mensch denkt und Gott lenkt und das ist gut so!

Die heilende und helfende Medaille der Gottesmutter

Meine Tochter fragte mich was ich mir zu meinem Geburtstag wünsche. Ich antwortete aber wie wohl alle Mütter: „Du musst mir nichts kaufen, spare dir dein Geld." Aber sie bestand darauf, mit mir nach Ottobeuren in die Basilika zu fahren, um mir eine **Besondere Medaille** von der **Mutter Gottes** zu kaufen. Ich wollte wissen, was dies für eine Medaille sei und ob sie mir die Geschichte dazu erklären kann. Sie kannte die Sage nicht, wusste aber, dass alle, die diese Medaille tragen, unter einem besonderen Schutz der Mutter Gottes stehen. Mir hat die Medaille sehr gut gefallen und sie wurde beim Kauf nochmals von einem Pater gesegnet. Seit ich die Medaille bekam, habe ich mich nie mehr von ihr getrennt. Ich trage sie täglich an einer Kette um den Hals. Vielleicht hat sie mich auch bereits vor Schlimmerem bewahrt.

Ich trug die Medaille auch, als ich Anfang 2002 beim Skifahren verunglückte. Es war ein sehr nebliger Tag, ich konnte kaum etwas sehen und stürzte einen Abhang hinunter. Ich hatte wahnsinnige Schmerzen, wollte aber besonders tapfer sein und lief auf meine Stöcke gestützt bis zur Skihütte, in der Sanitäter untergebracht waren. Als ich dort ankam, wurde ich sofort auf eine Trage gelegt und ins Krankenhaus gebracht. Der Schmerz war nun so schlimm, ich konnte noch nicht einmal den Oberkörper heben. Ich konnte bereits erahnen, dass ich mir einen Wirbel gebrochen hatte. Während des ganzen Transportes hielt ich die Medaille der heiligen Mutter in der Hand und betete zu ihr und meinem Schutzengel. Ich bedankte mich, dass ich meine Füße und Arme noch bewegen konnte. Als ich dann ins Krankenhaus eingeliefert wurde, musste ich geröntgt werden und mein

Verdacht bestätigte sich. Der Wirbel war gebrochen und ein Teil des Knochens war ins Rückenmark eingedrungen, außerdem war der Knochen noch an einer anderen Stelle abgebröselt, es hatte mich wirklich schlimm erwischt. Natürlich machten mir alle Vorwürfe, dass ich noch gelaufen bin, denn der Knochen hätte noch weiter ins Rückenmark eindringen können und ich hätte ein Leben lang im Rollstuhl sitzen müssen. Aber die Gefahr war noch lange nicht gebannt. Ich musste eine Woche liegen und die Schwellung musste erst zurückgehen, bevor ich operiert werden konnte. Während dieser Zeit bekam ich nichts zu essen, nur etwas zu trinken. Aber auch wenn ich etwas trank, musste ich mich immer übergeben. Ich kam dann an einen Tropf, weil ich nichts zu mir nehmen konnte, auch die Schmerzmittel wurden so zugeführt. Nachdem das CT ausgewertet war, kam der Arzt zu mir und sagte, dass die Verletzung so schlimm sei, dass ich unbedingt operiert werden müsse. Aber ich sträubte mich dagegen. Ich fragte ihn: „Was passiert, wenn ich mich nicht operieren lasse?" Er sagte: „Sie können querschnittsgelähmt werden." „Und wie gefährlich ist die Operation?" „Ich muss ehrlich zu Ihnen sein, auch nach der OP kann eine Querschnittslähmung auftreten. Wir sind alles Menschen, auch uns können Fehler unterlaufen." So hatte ich die Wahl zwischen Querschnittslähmung ohne oder mit Operation. Der Vorteil einer Operation war, ich könnte nach 14 Tagen langsam wieder aufstehen und ohne Operation hätte ich bis zu 2 Monaten nur liegen müssen, das wäre für die Muskeln und den Kreislauf weitaus schlimmer gewesen. Also entschied ich mich schweren Herzens für die Operation.

Mein Lebensgefährte kam mich jeden Tag besuchen und versorgte mich wo er nur konnte. Er war mir eine sehr große Hilfe, denn ich konnte gar nichts tun. Nach meiner Operation musste ich 24 Stunden auf die Intensivstation, weil meine Lungen nicht sofort richtig gearbeitet haben. Mein Gesicht war so dick geschwollen, dass ich noch nicht einmal in den Spiegel schauen wollte, denn während der Operation musste ich stundenlang auf dem Bauch liegen. Die Schmerzen waren auch nach der Operation noch da, aber ich versuchte, nicht zu jammern, sondern ich bedankte mich bei Gott, meinem Schutzengel und der heiligen Mutter, dass ich nicht in den Rollstuhl musste. Ein paar Tage später durfte ich zum ersten Mal wieder aufstehen. Kaum auf den Füßen, hatte ich das Gefühl, ich würde sofort in Ohnmacht fallen, ich war einfach noch zu schwach. Dann bekam ich ein Korsett und man brachte mir bei, richtig aufzustehen und zu laufen. Ich fing wie ein Kleinkind an, laufen zu lernen. Es war kaum zu glauben, wie man von einer Minute zur anderen zu einem hilflosen Wesen werden kann, das man auf einmal waschen, auf die Bettpfanne setzen und auch noch füttern musste. Und zum ersten Mal wurde mir so richtig bewusst, was für armselige Wesen wir tatsächlich sind. Nachdem ich gelernt hatte aufzustehen und auf Krücken zu gehen, hat man mir erlaubt, zum ersten Mal alleine auf die Toilette zu gehen. Obwohl ich wahnsinnige Schmerzen hatte, wurde es ein sehr glücklicher Tag für mich. In der Toilette ging das Licht mehrmals an und aus. Das konnte nur mein Vater sein, er war bei mir und wollte mir Mut machen. Aber trotzdem wollte ich eine Zimmernachbarin fragen, ob die Lampe einen Wackelkontakt hatte. Ich erzählte ihr, dass ich der Schwester sagen muss, die Glühbirne auszutauschen, denn die Lampe hätte einen Wackelkontakt. „Das ist mir aber neu, denn ich habe nichts davon bemerkt." Gibt es solche Zufälle, dass nur bei mir das Licht aus- und angeht oder ist es tatsächlich so wie ich es vermute, dass mein Vater bei mir war? Ich hatte auch öfters das Gefühl, als ob mich jemand berühren würde, aber es stand weder jemand neben noch hinter mir. Als ich dann bereits ein paar Treppen laufen konnte, bat ich meinen Freund mit mir in die Kapelle zu gehen, denn ich wollte Gott dafür danken, dass ich noch laufen kann, wenn auch noch wackelig und unter Schmerzen. Als ich in die Kapelle kam, fingen die Lichter an zu flackern, ich bekam Tränen in die Augen, denn hier fühlte ich mich geborgen. Ich war nicht alleine, mein Vater und andere Seelen waren auch hier, bei mir, in dieser Kapelle.

Dann betrachtete ich das Informationsmaterial, das in der Kapelle ausgelegt war und auf einmal sah ich die „Wunderbare Medaille" der Mutter Gottes mit der dazugehörigen Erklärung. Es war immer mein größter Wunsch, dies zu erfahren und jetzt hatte ich die Gelegenheit dazu. Ich möchte sie Ihnen erzählen.

Die kleine Katharina Labouré wurde am 2. Mai 1806 in Frankreich geboren. Bereits mit 8 Jahren verlor sie ihre geliebte Mutter. Sie bat die Mutter Maria nun ihre Mutter zu sein. Sie erzählte ihrem Vater, dass Gott sie gerufen hat, sie wolle in ein Kloster eintreten. Der Vater erschrak, denn er war strikt dagegen, dass seine Tochter in ein Kloster geht.

Am 21. April 1830 trat sie in Paris in das Noviziat der Barmherzigen Schwestern ein. Am 18. Juli 1830 hörte Schwester Labouré, dass jemand dreimal ihren Namen rief. Sie öffnete den Vorhang ihrer Schlafzelle und sah dort einen weißgekleideten von Strahlen umgebenen Knaben vor sich stehen. „Komm mit mir in die Kapelle, die seligste Jungfrau erwartet dich", sagte er! Sie ging mit in die Kapelle und eine wunderschöne Frau kam und ließ sich vor ihr auf dem Chorstuhl nieder. Katharina kniete sich vor der schönen Frau nieder und legte ihr die Hände in den Schoß und vernahm dann die Worte: „Mein

Kind, ich will dir einen Auftrag geben. Du wirst dabei viel Widerspruch erfahren, aber fürchte dich nicht, die Gnade wird dir helfen."

Als Katharina am 27. November 1830 abermals in der Kapelle war, sah sie wieder die Jungfrau Maria. Ihr Gesicht war lieblich, ein weißer Schleier, der ihr bis zu den Füßen reichte, verdeckte ihr Haupt. Sie stand auf einer Halbkugel, eine Schlange zertretend und trug in ihren Händen eine kleinere Kugel. Katharina hörte die Worte: „Die Kugel die du siehst, stellt die Welt dar mit jeder einzelnen Seele." Maria streckte ihr beide Hände entgegen. Von der einen Hand gingen leuchtende Strahlen aus von der anderen nicht. Die Mutter Gottes sprach: „Siehe, diese Strahlen sind das Sinnbild der Gnaden, die ich über jene ausgieße, die mich darum bitten."

Um Maria herum war ein ovaler Rahmen über dem in Gold geschrieben stand: „Maria, ohne Sünde empfangen, bitte für uns, die wir zu dir unsere Zuflucht nehmen." Gleichzeitig hörte Katharina die Worte: „Lass nach diesem Bild eine Medaille prägen." Nun drehte sich das Bild und Katharina sah den Buchstaben M über dem ein Kreuz stand, darunter das Herz Jesu von einer Dornenkrone umgeben und das Herz Mariens vom Schwerte durchbohrt. Ein Kranz von 12 strahlenden Sternen umrahmte das Bild. Von diesem Ereignis erzählte Schwester Katharina Pater Aladel, aber er war skeptisch. Dieser erzählte das ganze dem Erzbischof de Quelen und dieser war der Meinung, man solle die Medaille prägen lassen. Katharina war glücklich denn sie wusste jetzt, Mariens Versprechen würde sich nun erfüllen und ein Gnadenstrom wird sich aus ihrem Mutterherzen auf alle ergießen, welche mit großem Vertrauen diese Medaille trugen. Die ersten Medaillen wurden verteilt und ein Abtrünniger, der nie mit Gott etwas zu tun haben wollte, bekam diese Medaille und siehe da, er verlangte nach Gott. Mehrere Bekehrungen und Heilungen ereigneten sich in Paris und Umgebung durch das Auflegen der Medaille und schon sprach das Volk von der „Wunderbaren Medaille".

Maria hat versprochen, alle Menschen die diese Medaille tragen, werden große Gnaden erlangen. Die Gnaden werden überreich sein für jene, die Vertrauen haben. Maria hat ihr Versprechen gehalten, denn durch diese Medaille konnten viele Menschen bekehrt, gerettet, geheilt und von Gefahren verschont werden. Sie hilft unglücklichen Menschen wieder Freude zu empfinden, aber auch kranken Seelen und den Sterbenden. Soldaten berichteten, wie sie im Krieg durch das Tragen der Medaille dem sicheren Tod entgangen sind. Häuser und Menschen blieben im größten Bombenhagel verschont, die im Besitz dieser Medaille waren und auch daran glaubten. Heimatvertriebene fanden ihre Familie wieder. Maria ist auch heute noch an unserer Seite und bietet uns Schutz, wir müssen nur an sie glauben.

Ich wollte Ihnen davon berichten, weil auch ich an diese Medaille glaube. Außerdem möchte ich, dass es mir damit gelingt, vielen Menschen die traurig, krank und unglücklich sind wieder ein wenig Lebensmut zu geben.

Vor einigen Jahren machte ich eine Wallfahrt nach Fatima. Es war für mich ein sehr beeindruckender Ort. Dort kaufte ich mir eine Muttergottesstatue. Nach meinem Unfall habe ich der Heiligen Mutter versprochen, immer, so lange wie Rosen in meinem Garten blühen, eine Rose vor ihre Statue zu stellen. Dies wurde auf eine wunderbare Weise von Ihr belohnt.

Im 20 Jahrhundert gab es weltweit 918 Marienerscheinungen, wovon die meisten sich in Italien (199 Erscheinungen), Frankreich (171 Erscheinungen) und in Deutschland (112 Erscheinungen) ereigneten.

Man erwartet immer Wunder an besonderen Orten wie Lourdes oder Fatima, aber Wunder geschehen jeden Tag, an jedem Ort, genau neben uns mit uns und in uns, wir müssen es nur zulassen, dass wir die Wunder auch sehen.

Die geschenkte Rose

Nach meinem Unfall und seit ich diese Medaille der Muttergottes trage, habe ich einen sehr engen Kontakt zur Gottes Mutter aufgebaut, dies war nicht immer der Fall. Zwar habe ich immer an ihre Existenz geglaubt, aber ich verehrte sie niemals so wie jetzt. Ich habe mein Versprechen gehalten und sobald im Garten die Rosen blühten, schneide ich eine Rose ab und stelle diese vor ihre Statue. Es ist für mich keine Last, sondern eine Freude!

Als meine Mutter vor ein paar Wochen einen Unfall hatte (einen erneuten Wirbelbruch) und ich total außer mir war, stellte ich mich vor die Statue der Mutter Gottes und betete zu ihr. Ich erzählte ihr, dass es mir derzeit nicht besonders gut ginge und ich mich darauf freue, wenn der Sommer wieder kommt und ich ihr wieder regelmäßig eine Rose bringen könne. Danach sagte ich, eigentlich zu mir selbst, wie glücklich ich wäre, wenn mir auch mal in dieser schwierigen Zeit jemand eine Rose schenken würde. Aber bereits am Abend dachte ich nicht mehr an das Gesagte, erst als ich in der gleichen Nacht ganz plötzlich aufwachte, als hätte mich etwas ganz sanft geweckt und ich eine wunderschöne dunkelrote Rose neben mir sah. Erst dann fiel mir wieder das Gespräch ein, das ich am Nachmittag mit der Gottes Mutter geführt hatte. Ich war hellwach und die Rose stand waagerecht neben mir am Bett. Nach ein paar Minuten löste sich die Rose, wie aus dem Nichts kommend wieder auf. Es war eine Erfahrung, die bei mir ein sehr großes Glücksgefühl auslöste. Anschließend fragte ich mich, wer hat mir da so gut zugehört? War es unsere Mutter Gottes, ein Verstorbener oder mein Schutzengel? Sicher werde ich es irgendwann einmal erfahren, nämlich dann, wenn meine Stunde gekommen ist, von dieser Welt zu gehen. Ich habe es auf jeden Fall nicht geträumt und ich bin auch nicht mit Absicht in der Nacht wach geworden um einen Blick auf eine rote Rose zu werfen. Die Rose war tatsächlich vorhanden und meine Phantasie hat mir auch keinen Streich gespielt. Es war für mich wie ein kleiner Trost aus dem Jenseits. Der Tag war sehr schlimm für mich, denn meine Mutter weinte sehr viel, weil sie Schmerzen hatte und ich war am Ende meiner Kräfte, alles brach über mir zusammen. Ich hatte das Gefühl, ich könne nichts mehr ertragen. Dieses wunderbare Ereignis ließ mich wieder entspannter einem neuen Tag entgegen sehen.

Woran glauben andere Religionen?

Gott ist es gleich welcher Religion wir angehören. Für ihn ist es wichtig, dass wir an ihn glauben und ihn lieben, sowie seine Gebote befolgen und unseren Nächsten lieben wie uns selbst und niemandem Leid antun. Oder wie Gott sagt: „Was Ihr dem geringsten meiner Brüder getan habt, dass habt Ihr mir getan." Dazu zählt das Gute wie das Böse.

Die 10 Gebote sind die Grundlage für ein gutes, glückliches, und ein ewiges Leben. Wir sollen nach den Geboten Gottes leben, die Religion spielt dabei keine Rolle. Alle Religionen erfüllen den gleichen Sinn. Sie geben uns Halt und Vertrauen für ein Leben nach dem Tod. Egal welcher Glaubensgemeinschaft wir angehören, alle beten und lehren von der Auferstehung der Toten. Alles ist in der Bibel vorgegeben und sie ist nicht umsonst das meist verkaufte Buch der Welt. Wenn wir die Bibel genau lesen, werden wir feststellen, dass dort alles so geschrieben steht, wie es sich ereignet hat oder in Zukunft noch ereignen wird. Die Bibel ist das Buch der Weisheit und des Glaubens, nur wir machen es uns zu wenig zu Nutzen und es könnte uns in vielen Lebenslagen, auch bei traurigen Ereignissen, wie bei Tod und Trauer weiterhelfen.

Sicher fragen wir uns, wer hat die Bibel geschrieben? Sie wurde in einem Zeitraum von 1600 Jahren von ca. 40 Männern (Nachfolger Christi und Aposteln) geschrieben. Sie setzt sich aus 39 Büchern der Hebräischen Schriften (Altes Testament) und aus 27 Büchern der Christlichen Griechischen Schriften (Neues Testament) zusammen. Man sagt, diese Menschen wurden von Gott inspiriert (gottgehaucht), denn in der Praxis wäre es nie möglich, wenn so viele Menschen an einem Buch schreiben, so viel Harmonie wieder und weiter zu geben. Die Bibel ist kein Produkt menschlicher Intelligenz. Die christliche Liebe darf sich nicht nur in Worten äußern, sondern auch in der Handlung.

Deshalb schrieb auch der Apostel Paulus: „Die Liebe ist langmütig und gütig. Die Liebe ist nicht eifersüchtig, sie prahlt nicht, bläht sich nicht auf, ist nicht unanständig und blickt nicht nach ihren eigenen Interessen. Sie rechnet das Böse nicht an. Sie freut sich nicht über Ungerechtigkeit, sondern freut sich mit der Wahrheit. Sie erträgt alles, glaubt alles, hofft alles, erduldet alles. **Die Liebe versagt nie!"**

Die Religionen sind so alt wie die Geschichte der Menschheit. Zu keiner Zeit gab es Menschen, die an nichts glaubten. Sogar die primitivsten Völker und Kulturen hatten ihre Götter. Wenn man nach dem Ursprung fragt, denkt man an Jesus, Buddha, Konfuzius, Muhammad und Luther.

Buddha zum Beispiel war ein Fürstensohn, der über die Leiden und armen Verhältnisse der überwiegend hinduistischen Gesellschaft entsetzt war. Er suchte nach einer Lösung für ihre Probleme und so entstand seine Religion, der Buddhismus.

Auch **Muhammad** war bestürzt über die Unmoral, die in seinem Land herrschte und er versuchte dies zu verbessern. Er sagte, Gott hätte ihm Besonderes offenbart.

Im frühen 16. Jahrhundert kam **Martin Luther** mit seiner Reformation und viele Christen gingen zum Protestantischen Glauben über. Luther wollte die Kirche reformieren, denn er war ein Verfechter gegen den Ablasshandel der katholischen Kirche, bei dem man seine Seele mit Geld frei kaufen konnte. **Wenn das Geld im Kästchen klingt, die Seele in den Himmel springt**. Außerdem wurden im Namen des Glaubens so viele Kriege geführt und auch Menschen ermordet u.a. auch Frauen als Hexen verbrannt, dass man die Lust am Glauben verlieren konnte, denn dies hatte nichts mehr mit Gott und der Bibel zu tun. Aber trotzdem stillt die Religion das Bedürfnis des Menschen, wie auch die Nahrung den Hunger stillt. Um gesund zu bleiben benötigt man gutes Essen. So ist auch eine geistige Speise erforderlich, um geistig gesund zu bleiben und das erhalten wir mit und durch unseren Glauben. Die grundlegenden Glaubensansichten stammen aus ein und derselben Gedankenwelt. Den Glauben an eine unsterbliche Seele kann man bis auf die Babylonischen Mythen zurück verfolgen. Von da aus verbreitete sich der Glaube bei den Griechen, Ägyptern und dem Christentum. Das Tragen schwarzer Kleidung bei einer Beerdigung hat bei manchen Religionen den Sinn, von den Geistern nicht erkannt zu werden, die bei solchen Anlässen auf der Lauer lagen. Die Japaner schließen ihren Kimono von links nach rechts und bei ihren Verstorbenen machen sie es genau umgekehrt. Auf der Nordostseite haben ihre Häuser niemals Fenster oder Türen, damit die Dämonen, die nur aus dieser Richtung kommen, nicht ins Haus eindringen können.

Der Buddhismus

Diese Religion war um die Jahrhundertwende eigentlich nur in Asien bekannt. Allerdings hat sich dies geändert seit sich die Asiaten auch in anderen Erdteilen niedergelassen haben. Der Buddhismus findet so auch in Westeuropa, Nordamerika und Australien immer neue Anhänger. Es gibt ca. 350 Millionen Menschen, die dieser Glaubensgemeinschaft angehören. Der Gründer war Buddha (der Erwachte, der Erleuchtete) er lebte als Sohn eines Fürsten im Luxus und wurde zum Asketen, als er die Armut seiner Landsleute sah. Er meditierte viel und gründete nach sieben Jahren in Askese lebend einen Mönchsorden. Er zog lehrend durch Nordindien und starb mit 80 Jahren an der Grenze zu Nepal. Der Kern der Gemeinde bestand aus Laienbrüdern und Mönchen, welche später mehrere Klöster und geistige Schulen gründeten.

Die vier edlen Wahrheiten Buddhas lauten:
Dies, ihr Mönche, ist die edle Wahrheit vom Leiden: Geburt ist Leiden, Alter ist Leiden, Krankheit ist Leiden, Sterben ist Leiden, mit Ungeliebten zusammen sein ist Leiden. Nicht erreichen was man begehrt, ist Leiden.

Dies ihr Mönche, ist die edle Wahrheit von der Entstehung des Leidens:
Es ist der Wiedergeburt erzeugende Durst, begleitet von Wohlgefallen und Begier, der hier und dort seine Freunde findet: nämlich der Durst nach Lust, der Durst nach Werden und Dasein.

Dies ihr Mönche, ist die edle Wahrheit von der Aufhebung des Leidens:
Die Aufhebung dieses Durstes durch restlose Vernichtung des Begehrens, ihn gehen lassen, sich seiner entäußern, sich von ihm lösen, ihm keine Stätte gewähren.

Dies, ihr Mönche, ist die edle Wahrheit von dem Weg, der hinführt zur Aufhebung des Leidens:
Es ist dies der edle, achtfache Pfad, der heißt: rechtes Glauben, rechtes Denken, rechtes Sprechen, rechtes Tun, rechtes Leben, rechtes Streben, rechte Konzentration, rechtes Sichversenken.

Durch diese Lehren verurteilte er die Habgier und die korrupten religiösen Bräuche, die zu dieser Zeit herrschten. Er machte damit der Versklavung der Menschen ein Ende. Jeder der ihm und seinen Lehren folgte war frei. Menschen aus allen sozialen Schichten hörten ihm zu und wurden zu seinen Anhängern und Jüngern. Der Buddhismus, der einst eine religiöse indische Sekte war, wurde in den späteren Jahren durch den Kaiser Aschoka mit seinen Missionaren nach Sri Lanka, Birma, Thailand, Indochina, Kaschmir, Syrien, Korea, Japan, Ägypten und Griechenland verbreitet. Er wurde fortan als zweiter Gründer und Verbreiter des Buddhismus anerkannt. Die Menschen versuchen in dieser Religion, die Wahrheit in sich selbst zu suchen. Viele Männer verbringen einen Teil ihres Lebens im Kloster. Sie haben kahlgeschorene Köpfe und tragen safrangelbe Gewänder und gehen meistens barfuss mit Almosengefäßen durch die Orte. Die Gemeindemitglieder sorgen für ihren Lebensunterhalt, bringen ihnen Gaben und zu Essen. Buddha, der eigentlich nie behauptete Gott zu sein, ist im wahrsten Sinne des Wortes bei den Menschen ein Gott geworden. Die Buddhisten glauben an die Wiedergeburt und das Karma. Alle Menschen müssen unzählige Male wiedergeboren werden und wandern von einem Leben zum andern. Bei einem Besuch in Thailand habe ich mich mit einer Thailänderin unterhalten, die auch Buddhistin war. Sie erklärte mir, böse Menschen können als ein streunendes Tier wiedergeboren werden. Ein Leben ist nichts anderes als eine Verbindung von physischen und geistigen Kräften. Was man Tod nennt, ist nur das Aufhören von Funktionen des physischen Körpers. Werden mit dem Tod auch andere Kräfte beendet? Der Buddhismus sagt definitiv nein! Der Wille und die Entschlossenheit des Geistes zu existieren und das Leben zu erhalten, ja was die ganze Welt antreibt, hört nicht auf zu bestehen. Der Geist ist nämlich die größte Kraft der Welt und verliert mit dem Aufhören der Funktionen - beim Tod - nicht seine Wirkung, sondern kommt wieder in einer anderen Existenz zum Ausdruck, was man auch die Wiedergeburt nennt. Menschen, die an die Wiedergeburt glauben, geben als Beweis Erlebnisse von Personen an, die sich an einen bestimmten Ort oder an Vergangenes wieder erinnern können. Man sagt auch, dass viele Menschen unter Hypnose an ein früheres Leben erinnert wurden. Sie können sich an Ereignisse erinnern oder Angaben machen, von denen sie zuvor noch nie gehört haben. Wie ist das möglich? Manche sagen, wie es Wahrsager gibt, die in die Zukunft schauen können, kann es auch Menschen geben, die in die Vergangenheit sehen können.

Das Christentum

Die Zahl der Anhänger des Christentums wird auf 1,9 Mrd. Menschen geschätzt. Mit inbegriffen sind die katholische, evangelische sowie anglikanische, orthodoxe Kirchen und viele andere im Glauben ähnliche christliche Religionen. Die Vergangenheit des Christentums, bzw. die Kriege, Kreuzzüge und die Heuchelei, die man im Namen Gottes beging, hat sich nicht besonders positiv auf die Religion ausgewirkt. Noch nie in der Geschichte sind so viele Menschen aus der Kirche ausgetreten, wie in der heutigen Zeit. Aber nicht, weil sie an nichts mehr glauben, oder um Steuern zu sparen, sondern weil vielen Menschen die Reformen der Kirchen nicht weit genug gehen und zu viel Schlechtes unter dem Deckmantel Religion auch heute noch passiert. Ich bin selbst eine gute Christin und glaube an Gott, aber in der Bibel steht nicht, dass die Priester nicht heiraten dürfen und sich dafür an Kindern vergehen sollen. Oder warum wird ein Priester von seinem Amt ausgeschlossen, wenn er mit einem evangelischen Glaubensbruder die heilige Kommunion teilt? Sind wir vor Gott nicht alle gleich?

Oder wie ich vor vielen Jahren, als alleinerziehende Mutter von zwei Kindern auf Arbeitssuche war und mich bei der örtlichen Kirche als Sekretärin bewarb und von dem Priester der Kirche abgelehnt wurde, weil ich geschieden sei. Es tat sehr weh als ich sah, dass ich von meiner eigenen Glaubensgemeinschaft so im Stich gelassen wurde. Aber es war kein Einzelfall, ich konnte es nämlich nicht glauben und ich versuchte mehrmals bei kirchlichen Institutionen und Hilfsorganisationen eine Arbeit zu finden und immer wieder mit dem gleichen Ergebnis. Alle hatte es gestört, einer alleinerziehenden, geschiedenen Mutter, eine Arbeitsstelle zu geben, das hat man mir auch ins Gesicht gesagt. Trotzdem zahle ich noch immer meine Kirchensteuer. Das sind Sachen, die kann ein gesunder Menschenverstand nicht nachvollziehen, denn in der Bibel steht doch, dass Gott sich über ein Lämmchen freut, das verloren war und wieder zur Herde zurückkehrt. Das Lamm ist der Sünder der wieder zu seinem Glauben zurückfindet. Dabei fällt mir auch immer die Aussage Gottes ein, „denn sie wissen nicht was sie tun!" Ich könnte noch viele Seiten füllen, aber ich möchte mich nicht über meine eigene Religion auslassen oder besser gesagt, über die Menschen, die dieser Religion angehören und Fehler machen, wie jeder andere Mensch auch. Außerdem sehe ich persönlich keinen großen Unterschied zwischen der katholischen und der evangelischen Religion. Luther hat die katholische Religion wegen der vielen Miss-Stände reformiert, was zu der damaligen Zeit auch tatsächlich angebracht war. Die Islamische Welt sagt, die christlichen Nationen haben ihre moralischen Ruder verloren und aus Habgier, Untreue und Zügellosigkeit Schiffbruch erlitten.

Wie ich bereits erwähnte, glauben auch die Christen an ein Leben nach dem Tod. Nur ein kleiner Ausschnitt aus der Bibel als Jesus über das Leben nach dem Tod sprach: Als sein Freund Lazarus starb, sagte er zu seinen Jüngern: „Lazarus unser Freund ist zur Ruhe gegangen, doch begebe ich mich dorthin um ihn aus dem Schlaf zu wecken." Jesus verglich seinen Tod mit dem Schlaf. Deshalb kann man auch unseren Schlaf als den kleinen Bruder des Todes bezeichnen. Es gibt viele Menschen, die während der Schlafphase ihren Körper verlassen können, um in anderen Sphären zu wandeln und dann wieder in ihren Körper zurückkehren. Aber was geschah damals bei Lazarus? Er war bereits vier Tage tot, als Jesus zu Martha ging und ihr mitteilte, dass ihr Bruder Lazarus wieder auferstehen wird. Sie sagte: „Ich weiß, dass er am Jüngsten Tag wieder auferstehen wird!" Jesus erwiderte: „Ich bin die Auferstehung und das Leben, wer an mich glaubt wird wieder zum Leben erweckt werden, auch wenn er stirbt. Und jeder, der lebt und an mich glaubt, wird überhaupt nie sterben!" Als Beweis ging Jesus zu der Gruft in der Lazarus begraben war, und erweckte ihn vor den Augen seiner Schwester Martha und einiger Nachbarn wieder zum Leben.

Auch als Jesus von Pontius Pilatus zum Tode verurteilt wurde, ist er am dritten Tage wieder von den Toten auferstanden, obwohl man Wachen vor sein Grab gestellt hatte, war es leer. Sind diese Wunder und diese Worte Jesu nicht genug Beweis für ein ewiges Leben nach dem Tod? Man muss noch nicht einmal den Menschen Glauben schenken, die solche Bücher wie ich schreiben, man muss nur an das glauben, was uns die Bibel und Gott mit all seinen Aposteln gelehrt hat. Auf dieser Welt sind bereits so viele wunderbare Dinge geschehen, die sich auf normale Art und Weise nicht erklären lassen, es sind einfach Wunder. Da muss es doch eine höhere Macht geben, die solche Wunder bewirken kann. Selbst ein neues Leben, die Geburt einer kleinen Menschenseele ist ein wahres Wunder.

Hinduismus

Dieser Religion gehören ca. 700 Millionen Menschen überwiegend in Indien an. Der Glaube entstand in den Jahren vor Christus bis 1000 Jahre nach Christus. Die Hindus glauben an das Karma und die Wiedergeburt der Seele. Da man nach ihrer Lehre auch als Tier wiedergeboren werden kann, wird alles was ein Gesicht hat verschont, auch Kühe sind heilig. Bei den Hindus befindet sich die Welt in einem ständigen Prozess des Werdens und Vergehens. Es gehört zu einem religiösen Brauch, dass man jeden Morgen als erstes in einem Fluss baden soll. Ist das nicht möglich, muss es zuhause gemacht werden, falls es in der näheren Umgebung weder einen Fluss noch einen Bach gibt. Die Hindus glauben dadurch heilig zu werden. Der Ganges ist ein heiliger Fluss - Ganga Ma (Mutter Ganga). Sie glauben der Fluss sei die Milchstraße im Himmel gewesen. Millionen Inder hegen nur den Wunsch, einmal im

Ganges baden zu dürfen. Manche trinken auch das Wasser, das mit Chemikalien, Abwässern und Tierleichen stark verschmutzt ist. Viele verbrennen ihre Verstorbenen auf einem Scheiterhaufen am Rand des Flusses und streuen ihre Asche in den Fluss. Sie glauben, dass mit diesem Ritual dem Verstorbenen ewige Glückseligkeit gewährt wird. Wenn es sich um arme Hindus handelt, die kein Geld haben, um ihre Verstorbenen verbrennen zu lassen, werden die Verstorbenen in ein Tuch gehüllt und in den Fluss geschoben. Aasfresser stürzen sich darauf und entsorgen so den Leichnam.

Meistens gehen die Hindus ohne gefrühstückt zu haben in ihren Tempel und opfern ihrem Gott Blumen oder Speisen. Manche waschen ihre Götter und pudern sie ein. In jedem Haus gibt es einen Altar zur Verehrung des Lieblingsgottes. Bei manchen ist es Ganescha der elefantenköpfige Gott oder Hanumann der Affengott. Sonne, Mond und Wind werden ebenfalls verehrt. In anderen Gegenden werden Krischna, Rama, Schiwa (Gott der Fruchtbarkeit) oder Linga und Durga verehrt.

Der goldene Tempel der Sikhs steht inmitten eines künstlichen Sees in Amritsar, der heiligen Stadt der Sikhs. Die Männer erkennt man am blauen, weißen oder schwarzen Turban. Es gehört zum religiösen Brauch sich die Haare lang wachsen zu lassen. Sikhs bedeutet auch Jünger, ihr Gründer war Guru Nanak. Er lebte nach dem Satz, da es nur einen Gott gibt und er unser Vater ist, müssen wir alle Brüder sein. Sie glauben wie die Muslime nur an einen Gott und verbieten Götzenbilder. Sie glauben an eine unsterbliche Seele, das Karma und die Wiedergeburt. Wie die Seele des Menschen im Körper von der Kindheit zur Jugend und dann zum Alter wandert, so geht sie auch beim Tode in einen anderen Körper über. Die Hindus sehen es so, dass jedes Lebewesen eine individuelle Seele ist, die nur die Schale wechselt, also den Körper. Die Seele ist keinem Wandel unterworfen, da sie ja wiederkommt, gibt es bei den Hindus auch keinen Tod zu beklagen. Das was den gesamten Körper durchdringt, ist unzerstörbar. Niemand kann die unvergängliche Seele töten. Aber dies sagt nicht nur die Religion der Hindu, sondern auch alle christlichen Religionen sind der gleichen Meinung. Der Hinduismus sagt, dass jeder Mensch eine Seele hat und glaubt, dass die Seele im Himmel oder in der Hölle warten muss, bis sie sich wieder verkörpern kann.

Das größte Gebot der Sikhs ist, denke stets an Gott und teile was du verdienst mit dem, der weniger hat. In ihren Gemeindeküchen werden Besucher kostenlos versorgt und es gibt Schlafplätze für jeden der arm und bedürftig ist.

Man muss sich wundern, wie wenig wir eigentlich über fremde Sitten und Gebräuche und Religionen wissen. Deshalb war es mir wichtig, darüber ein eigenes Kapitel zu schreiben.

Islam

Der Islam heißt übersetzt völlige Ergebung in Gott. Er ist eine der jüngsten Weltreligionen überhaupt, die von Mohammed ins Leben gerufen wurde. Auf der ganzen Welt gibt es ca. 1 Mrd. Menschen, die Anhänger des Islams sind und sich Muslime nennen. Der Islam ist die am schnellsten wachsende Weltreligion und ihre Anhänger leben sehr streng nach dem Koran (Koran-Lesung). Gott-Allah ist der Schöpfer aller Dinge, er ist allmächtig, allwissend und barmherzig. Am Jüngsten Tag wird er die Menschen richten, den Ungläubigen droht das Höllenfeuer und den Gläubigen winkt das Paradies. Fromme Muslime lesen mindestens 5 Mal am Tag im Koran gegen Mekka hin betend. Am Freitag gehen die Männer in die Moschee zum Beten, sobald sie die Stimme des Muezzins vom Minarett der Moschee hören. Eine der größten Moscheen der Welt steht in Cordoba (Spanien). Dem gläubigen Muslim sind 5 Hauptpflichten vorgeschrieben: das Glaubensbekenntnis, es gibt keinen anderen Gott außer Allah, und Mohammed ist der gesandte Gottes, das fünfmal am Tag stattfindende Gebet, das Almosen geben, sowie das Fasten während des Monats Ramadan.

Der Tod des Propheten Mohammed stürzte die Muslime in eine Krise, denn er hatte keinen Nachfolger bestimmt und er hatte auch keinen Sohn, der sein Amt hätte übernehmen können aber er hinterließ neun Witwen. Sein Nachfolger sollte ein Herrscher oder ein Kalif werden und die Frage, wer seine Nachfolge antreten sollte, hatte viele Probleme, Streit und Blutvergießen im Islam hervorgerufen. Der Islam lehrt, dass der Mensch eine Seele hat, die im Jenseits weiterlebt. Man sagt, Allah nimmt die Seelen der Menschen bis zur Zeit ihres Todes auf, aber auch die, derer die nicht gestorben sind, sondern nur schlafen. Auch der Islam glaubt an ein Leben nach dem Tod.

Bereits vor Tausenden von Jahren haben sich die Menschen damit befasst, was ist, wenn wir sterben? Warum müssen wir sterben? Warum sind wir hier? Wie sollen wir überhaupt leben? Was steht der Menschheit noch alles bevor? Gott erschuf die Menschen mit dem Wunsch, dass sie ewig leben. Adam und Eva wurden vollkommen erschaffen, ohne von Sorgen und Krankheiten geplagt zu sein - bis zur Erbsünde - die uns jetzt alle betrifft. Sie missachteten Gottes Gebote, auch wenn das mit dem Apfel nur bildlich dargestellt wurde. Apostel Paulus schrieb, dass durch einen Menschen die Sünde in die Welt kam und mit der Sünde der Tod. Bis heute konnten die Wissenschaftler nicht ergründen, warum wir altern und dann sterben müssen. Die Bibel erklärt allerdings, wir werden sterben, weil wir in Sünde geboren sind.

Aber es gibt auch Atheisten, die an nichts und niemanden glauben, doch sie sind in der Minderheit. Ein amerikanischer Gelehrter schrieb: „Religion bedeutet für die große Mehrheit der Menschen Unsterblichkeit und nichts anderes, denn **Gott verleiht Unsterblichkeit.**"

Judentum

Der Jüdische Glaube ist der älteste Glaube seit Bestehen der Menschheit und auch die Grundlage vom Islam und Christentum. Unter Judentum ist die Gesamtheit der Juden aber auch deren Religion zu verstehen. Jesus, Moses, Freud und Einstein waren Juden. Diese Menschen haben den Verlauf der Menschheit grundlegend verändert. Im Gegensatz zu anderen Religionen entstand das Judentum nicht auf einer Mythologie, sondern aus der Geschichte heraus. Die Christen verdanken einem Juden, nämlich Jesus (hebräisch Jeschua) ihren Ursprung.

Vor 4000 Jahren wanderte Abraham nach Kanaan aus, es ist das Land von dem Gott gesagt hat: „Deinen Samen will ich diesem Land geben." Von Abraham leiten die Juden ihre Abstammung ab, denn diese begann mit Isaak und Jacob, dessen Namen auf Israel umgeändert wurde. Israel hatte 12 Söhne, die Begründer von 12 verschiedenen Stämmen wurden. Einer von ihnen war Judas, von dessen Name Jude abgeleitet wurde.

Moses spielte eine wichtige Rolle als Mittler zwischen Gott und der Menschheit. Er war der Führer und Geschichteschreiber seines Volkes. Ihr Gesetz bestand aus den 10 Geboten und mehr als 600 Gesetzen, die Gott ihnen noch gegeben hatte. Die Gesetze beinhalten Heiliges aber auch Weltliches, Hygienevorschriften, Gesetze für gute Sitten und Anweisungen, wie man Gott anbeten und verehren soll. Die Israeliten sollten das auserwählte Volk Gottes sein, aber nur wenn sie auf seine Stimme hören.

Im Jahre 1077 vor Christus wurde David aus dem Stamme Juda König. Er war es, der das Priestertum in Jerusalem gründete. Es kam eine Zeit, da ließen sich die Juden von falschen Religionen beeinflussen. Gott sandte ihnen deshalb seine auserwählten Propheten, um sie wieder auf den richtigen Weg, seinen Weg zu leiten. Besonders Hesekiel, Jesaja und Jeremia warnten die Nation vor drohender Bestrafung, wenn sie weiterhin den Götzen dienen.

Die orthodoxen Juden halten sich sehr streng an ihre Religion und sind der Meinung das der Messias kommen und für Israel dann ein goldenes Zeitalter anbrechen wird.

Tod, Seele und die Auferstehung sind im Judentum Glaubensbekenntnisse, das heißt, das auch diese Religion an ein Leben nach dem Tod glaubt. Auch sie sagen, die Seele sei unsterblich und lebt nach dem Tod weiter. Aber warum haben noch immer so viele Menschen ein Problem, sich damit auseinander zu setzen oder belächeln andere, die an ihre Religion glauben und ebenfalls der Meinung sind, dass es ein Leben nach dem Tod gibt? Viele haben es bereits erlebt oder sogar gesehen! Es existieren sehr viele Bücher über ein Leben nach dem Tod. Sind das alles Spinner?

Sterben ist schön - Nahtodeserfahrungen

Sterben ist schön, Sie fragen sich sicher, wieso kann jemand, der sich noch seiner Gesundheit erfreut und lebt, so etwas behaupten. Auch ich hätte vor vielen Jahren niemals so etwas in den Mund genommen, denn Sterben war für mich, wie für alle Angehörigen und Freunde die Hölle und auf keinen Fall schön. Aber mit meiner Angst kam auch die Neugierde auf das Unbekannte, den Tod. Und das Sterben ist einfacher als die Geburt. Vorausgesetzt man stirbt eines normalen Todes und muss nicht jahrelang unwürdig dahin vegetieren, indem man im Krankenhaus liegt und an Apparate angeschlossen wird, nur um das Leben zu verlängern. Das ist sicher nicht der Wille Gottes, auch wenn es heißt, dass wir allen Menschen ob gut oder böse helfen sollen. Aber helfen heißt nicht quälen! Und in der heutigen Zeit wird zu viel Unnötiges getan und den Menschen wird das Sterben dadurch erschwert. Vor einigen Jahren machte ich eine Ausbildung als Heilpraktikerin und habe deshalb sehr viel über die Schicksale von unheilbar kranken Menschen erfahren. Ich praktiziere nicht und helfe und berate die Menschen und Freunde, die meine Hilfe brauchen, ohne jede Bezahlung. Mein Lohn ist der Dank, wenn sie mir anschließend sagen: „Was du mir geraten hast, hat mir tatsächlich geholfen."

Ich wollte unbedingt eine Ausbildung zur Heilpraktikerin machen, weil ich damals so unerfahren war und meinem Vater nicht helfen konnte. Er ist viel zu schnell aus meinem Leben verschwunden, obwohl ich ihn noch gebraucht hätte. Ich hatte Angst, auch meine Mutter so früh zu verlieren und dachte, nur wenn ich mich auf diesem Gebiet auskenne, kann ich helfen. Bis jetzt, meine Mutter ist heute 77 Jahre alt, passe ich ständig auf, dass sie die richtigen Tabletten nimmt, sich richtig ernährt und sich auch ausreichend bewegt. Auch wenn sie manchmal nicht einverstanden ist, musste sie im Nachhinein immer feststellen, dass es ihr geholfen hat. Allerdings bin ich kein Tyrann, und ich tue es vielleicht aus Egoismus, weil ich meine Mutter sehr liebe und sie nicht verlieren möchte. Und Gesundheit ist Lebensqualität. Meine Kinder benötigen nur dann meinen Rat, wenn sie wirklich krank sind, ansonsten möchte ich sie nicht bevormunden. Man sollte ihnen ein gutes Leben vorleben ohne Alkohol, Zigaretten und Drogen, dann werden auch die Kinder in diese Fußstapfen treten.

Ich habe Ihnen ja bereits geschildert, dass es bei uns früher so üblich war, dass die Verstorbenen im Haus aufgebahrt wurden. Bereits damals konnte ich sehen, dass gute Menschen mit einem Lächeln auf dem Gesicht im Sarg lagen und böse sahen sehr unglücklich aus. Man sagt ja, wie man lebt, so stirbt man auch. Gute Menschen haben bereits vor dem Tod Frieden mit Gott und den Menschen geschlossen. Ich habe aber nicht das Recht zu entscheiden, welcher Mensch gut und welcher Mensch böse ist, aber auch jetzt, wo ich mich mit diesem Thema sehr viel befasse, musste ich feststellen, das diese Theorie mit dem Lächeln auf dem Gesicht stimmt. Ich habe mich auch bei Pflegern im Altenheim umgehört und wollte wissen, ob böse Menschen sich vor dem Tod verändert oder bekehrt haben. Die Antwort, die mir die meisten gaben, hat mich erschüttert. Sie sagten mir, dass die guten Menschen bis zum Tod gut sind und die bösen Menschen bis zum Sterben böse und zum Teil noch schlimmer werden. Oft musste ich auch hören, dass einige der Menschen im Alter noch extrem gierig und geizig waren, obwohl ja bekanntlich das letzte Hemd keine Taschen hat und man nichts mitnehmen kann.

Man muss sich jeden Tag auf den Tod vorbereiten, denn jeder Tag könnte der Tag sein, an dem wir vor das Gericht Gottes treten müssen. Deshalb gehe ich keinen Tag aus dem Haus ohne ein Gebet. Aber kein Gebet, wie ich es als Kind gelernt hatte, sondern ich führe ein richtiges Zwiegespräch mit Gott, meinem Engel oder der Jungfrau Maria. Sie sind ja meine Familie und dort, wo sie sind, ist auch mein Zuhause und da möchte auch ich wieder hin, genau wie die Menschen, die mir bereits vorausgegangen sind. Wir sollten auch in unserem täglichen Leben bedenken, dass wir uns nicht so extrem an irdische Dinge klammern dürfen. Das Wohl der Seele ist weitaus wichtiger als das Wohl des Leibes. Dieser ist nur unsere Hülle, in dem das Kostbarste, was wir haben, integriert ist, nämlich unsere unverwüstliche, von Gott eingehauchte, göttliche, unsterbliche Seele, denn alles was von Gott erschaffen wurde, ist auch göttlich. Leider benehmen wir uns nicht immer so. Wir sind zu vergleichen mit Kindern, die aus einem Königshaus stammen, die Vorbild sein sollten und die sich total daneben benehmen. Wenn sie so aus ihrer Rolle fallen, vermitteln sie den Eindruck, sie kommen aus einer ganz anderen Welt, nicht aus einem königlichen Haus, sie benehmen sich wie Straßenkinder ohne jeden Halt.

Von Menschen, die bereits klinisch Tod waren, habe ich erfahren, dass Sterben etwas ganz Schönes sein soll. Es handelt sich dabei nicht um Menschen, die nur Unsinn reden oder irgendwelche Spinner. Es sind sehr intelligente Leute und sie kamen aus allen Schichten, die ich befragte. Der Vorgang des Sterbens soll friedvoll sein und es handelt sich dabei um keinen schmerzlichen Vorgang. Der Tod soll ein in sich Zurückziehen sein und man pendelt zwischen Schlaf und Bewusstlosigkeit. Alle die bereits einmal klinisch tot waren, schilderten die gleichen Merkmale. Sie konnten auf ihren Körper herunter sehen. Manche ekelten sich sogar vor ihrer eigenen Hülle, sie empfanden sie als unwichtig, obwohl sie vorher stets eitle Menschen waren. Im Moment des Todes war der Körper lästig. Die Schwerelosigkeit und mit dem Universum verbunden zu sein, sich schnell und geistig fortzubewegen, das war schön. Alle mussten durch einen Tunnel, an dessen Ende ein wunderbares helles, goldenes Licht war. Alle wurden von einem Lichtwesen begrüßt, es konnte ein Engel sein oder ein anderer Verstorbener aus einer höheren Dimension. Aber bei jeder Nahtodeserfahrung wurde der Sterbende von Freunden oder Familienangehörigen begrüßt, er wurde nie alleine gelassen, sondern immer voller Liebe und Harmonie in Empfang genommen. Je länger der klinische Tod dauerte, um so mehr Eindrücke konnte dieser Mensch im Jenseits sammeln. Einige sahen eine wunderschöne Landschaft und hörten die Klänge von schöner Musik, wie sie es auf dieser Erde noch nie gehört hatten. In diesem Zustand empfindet man keinen Schmerz mehr sondern nur Liebe, Freude und Friede. Fast unvorstellbar, wenn man weiß wie es auf unserer diesseitigen Welt zugeht, Hass, Neid, Missgunst, Mord, Terror und Todschlag. Dann erlebt er sein ganzes Leben wieder im Schnelldurchlauf und sieht und spürt auch den Schmerz, den er anderen zugefügt hat. Dann hören sie alle den gleichen Satz: „Du musst wieder zurück, denn deine Zeit ist noch nicht gekommen, du musst noch einiges erledigen auf dieser Welt." Auch wenn wir manchmal nicht wissen, warum genau wir auf der Welt sind, haben wir doch eine Funktion zu erfüllen. Wir sind gar nicht so unwichtig wie wir manchmal denken oder uns sehen oder vielleicht auch von anderen gesehen werden. Wir sind ein Samenkorn, aus dem eine gute oder auch schlechte Saat entsteht. Wir haben einen freien Willen zum Entscheiden.

Auch in meiner eigenen Familie gab es ein Erlebnis der Nahtoderfahrung und zwar bei meiner Mutter. Sie hatte sehr lange damit gewartet, es mir zu erzählen, denn sie war, wie alle anderen auch, von dem Erlebnis überwältigt, aber sie fühlte sich nicht dazu in der Lage darüber zu berichten, denn sie hatte Angst man würde sie nicht für voll nehmen oder sogar für verrückt halten. Als sie aber mitbekam, dass ich mich für dieses Phänomen interessierte und auch Betroffene befragte, erzählte sie mir ihr eigenes Erlebnis mit dem Tod.

Es war im Jahre 1954 als mein Bruder geboren wurde. Meine Mutter wurde vier Wochen vor dem errechneten Geburtstermin ins Krankenhaus eingeliefert. Am Anfang hatte es den Anschein, dass die Geburt ganz normal verlief, aber das war ein Irrtum. Ganz plötzlich traten Komplikationen auf. Die Ärzte versammelten sich um meine Mutter und versuchten, ihr Leben zu retten. Meinen Bruder konnten sie im letzten Moment retten und nun hieß es, auch der Mutter zu helfen, denn sie hatte bei der Geburt meines Bruders viel Blut verloren, und sie war eine sehr zierliche Person, die sich bereits vorher nicht besonders wohlfühlte. Als die Ärzte merkten, dass meiner Mutter nicht mehr zu helfen war, wurde ihre Familie verständigt. Man brachte sie ins Sterbezimmer und von da an musste sie nicht mehr unter uns geweilt haben. Von diesem Moment an konnte sie auf ihren Körper schauen. Alle, die in dem Raum um ihr Bett standen, waren aufgeregt und weinten. Sie konnte die Aufregung um ihre Person gar nicht verstehen, denn sie fühlte sich wunderbar. Frei, glücklich und schwerelos. Nur es kam ihr komisch vor, sie wollte mit ihnen reden, aber niemand nahm sie wahr oder hat sie verstanden. In diesem Zustand hatte sie es selbst noch nicht einmal so richtig wahrgenommen, dass sie klinisch

Tod war. Sie fühlte sich wie von einem Sog in ein ganz, ganz helles, goldenes Licht gezogen. Auf einmal kamen alte Bekannte und Verwandte auf sie zu, die sie von früher her kannte und diese lächelten sie freundlich an. Erst dann wurde ihr klar, dass sie sich auf einer ganz anderen Ebene befinden musste. Aber es war wunderschön und friedlich. „Du musst wieder zurück! Du hast noch nicht alle deine Aufgaben erfüllt," hörte sie eine Stimme sagen. Sie wollte aber nicht mehr gehen, denn alles war so warm, friedlich und schön, vor allem das Gefühl von so viel Liebe, dass ihr auf dieser Ebene entgegen kam, so viel Liebe hatte man ihr auf der Erde noch nie entgegen gebracht, man verstand sich ohne Worte. Plötzlich wachte sie wieder auf und sie befand sich wieder in ihrem Körper. Aber jetzt fühlte sie sich wieder unwohl wie in einem kalten Raum, und es war kalt, extrem kalt, sie fror und die Liebe und Wärme die sie vorher umgeben hatte war auf einmal verschwunden. Das erste was sie hörte, war die Stimme ihrer Schwester: „Wir müssen sofort einen Arzt rufen, sie kommt ja wieder zu sich." Meine Mutter fand wieder ins Leben zurück, in ein Leben, das für sie noch sehr schwierig und steinig werden sollte, aber es war der Wunsch Gottes! Sie hatte ihre Aufgaben auf dieser Erde im Diesseits noch nicht erfüllt. Und wenn es Gottes Wille ist, dann ist es auch gut so! Ich danke Gott für dieses Geschenk, dass ich meine Mutter behalten durfte.

Beate hatte Urlaub und wollte ihren Bruder in Frankreich besuchen. Dieser lebt bereits seit Jahren in der Nähe von Marseille und sie freute sich auf ihn und seine Familie. Beate war die Patentante seines kleinen Sohnes und hatte für ihr Patenkind einige schöne Sachen eingekauft. Um die Autobahngebühr zu umgehen, wollte sie ihre Fahrt über die Landstraße fortsetzen. Sie fuhr nicht gerne nachts, aber sie dachte, so spät am Abend ist sicher nicht mehr viel Verkehr. Plötzlich sah sie, wie aus dem Nichts zwei Scheinwerfer direkt auf sie zurasten, alles ging so schnell, sie konnte nicht mehr reagieren, sie wollte noch ausweichen, aber sie fuhr gegen einen Baum. Sie muss sofort tot gewesen sein. Plötzlich spürte sie, wie sie über ihrem eigenen Körper schwebte und konnte von oben sehen, wie sie von dem Unfallverursacher aus dem Wagen gezogen wurde. Er fing sofort an sie wieder zu beleben. Es kamen noch ein paar andere Autos angefahren, sie stoppten und versuchten zu helfen. Es dauerte auch nicht lange, da kam bereits ein Krankenwagen. Sie konnte sehen, wie man ihren Körper an Geräte anschloss und versuchte, sie wieder zu beleben. Aber was war nur los, ihr ging es doch gut. Auf einmal hatte sie das Gefühl wie von einem Magnet durch einen Tunnel gezogen zu werden immer auf ein ganz helles Licht zu. Es war so schön, sie kam plötzlich auf einer herrlichen Blumenwiese an. Dieser Ort war viel schöner und heller als auf der Erde. Dort möchte ich immer bleiben, dachte sie noch. Die Menschen denen sie hier begegnete waren alle mit so viel Liebe erfüllt, dass sie sich sofort wohlfühlte. Dann kam ihre Großmutter auf sie zu. „Kind, du musst wieder gehen, denn deine Stunde ist noch nicht gekommen, aber wir werden auf dich warten und freuen uns auf dich!" Dann war sie wieder über ihrem Körper und konnte die Ärzte sehen, wie sie sich quälten sie wieder ins Leben zurück zu holen. Sie konnte ganz genau sehen, was sie machten. Dann wurde alles wieder dunkel und sie wachte in ihrem eigenen Körper auf. Sie empfand nur noch Schmerzen. Körperlichen Schmerz, wegen des Unfalls und einen noch größeren seelischen Schmerz, weil sie wieder in ihren Körper zurück musste. Aber als sie wieder gesund war änderte sich ihr ganzes Leben. Sie nahm sich nicht mehr so wichtig und brachte den Menschen, mit denen sie zu tun hatte, mehr Liebe und mehr Verständnis entgegen. Vor allem kann sie jeden beruhigen, der Angst vor dem Jenseits und dem Tod hat, denn dieses Erlebnis „das Sterben" war eines der Schönsten in ihrem Leben. Kurz darauf hat sie geheiratet und einem kleinen Jungen das Leben geschenkt. Vielleicht war das noch ihre Aufgabe die sie auf der Welt zu erledigen hatte. Einer neuen Seele eine irdische Heimat zu geben.

Bernd K. arbeitete seit vielen Jahren bei einem Bauunternehmen als Dachdecker. Man nannte ihn auch den Klettermaxe, denn wo andere nur mit einem Gerüst arbeiteten war Bernd immer bereit, seine Arbeit ohne jegliche Sicherheitsvorkehrungen zu verrichten. Wenn sein Arbeitgeber ihn anmahnte, lachte er nur und sagte: „Ich habe einen guten Schutzengel!" Aber dann muss sein Schutzengel einmal Pause gemacht haben, denn Bernd fiel vom Dach eines Einfamilienhauses. Er wurde sofort mit einem Krankenwagen ins Krankenhaus gebracht. Die Ärzte gaben ihm keine Überlebenschancen mehr, denn er stürzte so unglücklich, dass man nur noch den Priester und seine Familie verständigte. Bernd konnte noch hören, wie der Arzt zu seiner Familie sagte: „Wir können nichts mehr für ihn tun." Er wollte sich bemerkbar machen, aber niemand konnte ihn hören. Es war so schmerzlich für ihn die Trauer seiner Familie zu empfinden. Die Trauer seiner Angehörigen war für ihn eine Last beim Sterben. Sein Körper, über dem er schwebte war unbedeutend für ihn geworden. Er wollte nur noch seiner Familie Trost spenden und ihnen sagen, dass es ihm gut gehe, sie brauchten sich keine Sorgen zu machen. Aber auf einmal sah er diesen Film vor sich ablaufen. Es war sein vergangenes Leben, dass wieder gegenwärtig war. Dieser Film und die Trauer seiner Familie waren das Schlimmste beim Sterben. Denn während er sein Leben an sich vorbeilaufen sah, wurde ihm bewusst, wie es die anderen Menschen empfunden hatten, wenn er ihnen weh getan hat. Diese Momente waren für ihn eine Qual. Er musste den Schmerz empfinden, den er den anderen zugemutet hatte. Er spürte aber immer wieder, dass er (seine Seele) nicht alleine unterwegs war und er konnte sich auf einmal in jeder Sprache verständigen. Oder war es die Sprache der Liebe oder der Herzen? Er hatte als Seele plötzlich ein Wissen von dem er vorher nichts wusste. Dann sah er wieder seinen schweren, plumpen Körper in den er wieder eintauchen musste. Diese Erfahrung war für ihn sehr schmerzhaft. Dann konnte er wieder seine Glieder bewegen. Als sein Blick auf seine Füße fiel konnte er sehen, dass bereits ein Sterbezettel mit seinem Namen an seinem Zeh hing. Alle waren außer sich als sie feststellten, dass er nach so langer Zeit wieder zu sich kam. Der Arzt musste den Totenschein wieder zurückfordern, denn dieser war bereits weitergeleitet worden. Bernd muss eine ganze Zeitlang tot gewesen sein.

Und nun möchte ich Ihnen von einer Nahtodeserfahrung berichten, für die es sogar Beweise gibt. Ich habe diesen Bericht in einer Sendung von Jürgen Fliege im ZDF gesehen (Juli 2004) und es hat mich so sehr beeindruckt, dass ich Ihnen heute davon berichten möchte.

Eine junge Frau, ich möchte sie Gabi nennen, freute sich so sehr auf die Geburt ihres dritten Kindes. Ohne mit irgendwelchen Komplikationen bei der Geburt rechnend, ging sie in die Klinik, um zu entbinden. Sie bekam eine Rückenmarknarkose. Weil sich aber das kleine Köpfchen des Kindes in die falsche Richtung gedreht hatte, musste schließlich ganz schnell ein Kaiserschnitt gemacht werden. Plötzlich merkte sie, dass sie nicht mehr richtig atmen konnte. Sie machte sich bei der OP-Schwester bemerkbar, bzw. teilte ihr mit, dass sie das

Gefühl hätte ersticken zu müssen. Diese sagte nur ganz kurz: „Das geht gleich wieder vorbei, das kann mal vorkommen." Was diese aber nicht wusste, denn alle waren zu sehr mit der Geburt des Kindes beschäftigt, war die Tatsache, dass das Betäubungsmittel nicht seinen gewöhnlichen Weg genommen hatte, sondern immer weiter nach oben drückte, deshalb auch die Lähmungen der Frau im oberen Bereich. Sie konnte ihr Herz ganz laut klopfen hören, sich aber nicht mehr beim Klinikpersonal bemerkbar machen. Nun wurde ihr immer mehr bewusst, dass sie sterben musste. Ihre letzten Gedanken waren noch: „Aber ich bekomme doch ein Kind." Es musste ganz plötzlich ein Herzstillstand eingetreten sein, denn sie wurde wie durch eine dunkle Röhre geschleudert (dies muss der Austritt aus dem Körper sein) und sie konnte dann ganz plötzlich auf ihren Körper herunterschauen. Gabi konnte sehen, wie ihr Kind geboren wurde. Aber zwischenzeitlich hat immer noch niemand bemerkt, dass die Frau bereits tot war. Sie dachte an ihren Mann und war in dem gleichen Moment bei ihm. Sie konnte zusehen, wie er das Neugeborene baden durfte. Dann wollte sie wissen, wie es ihren beiden anderen Söhnen ging. Sie dachte an den Jüngsten und schon befand sie sich bei ihm im Wohnzimmer, es ging ihm gut, er spielte. Der andere Sohn befand sich gerade in einem Kindererholungsheim in Norddeutschland. Als sie an ihn dachte, war sie sofort bei ihm im Norden in diesem Erholungsheim. Sie konnte nachempfinden, was er empfand und musste feststellen, es ging ihm gar nicht gut, er hatte Heimweh nach seiner Familie. Sie beobachtete ihn eine Weile und konnte sehen, dass er gerade damit beschäftigt war, ein Schiff für sie zu malen. Dann dachte sie wieder an ihren toten Körper und war sofort wieder in der Klinik. Sie befand sich wieder in dem Raum, wo ihr lebloser Körper lag, sie sah wieder auf sich herab. Aber sie wollte nicht sterben, als sie das

Licht sah, wehrte sie sich, sie hörte sogar eine wunderschöne Musik, aber sie sagte immer, meine Kinder brauchen mich doch, ich muss noch hier bleiben. Vielleicht hatte Gott ein Einsehen (oder dürfen wir vielleicht auch entscheiden, ob wir wieder zurückkehren wollen oder nicht)? Auf jeden Fall war sie empört darüber, dass noch niemand ihren Tod festgestellt hatte und sie schaute noch immer auf ihren Körper. Plötzlich hörte Gabi, wie die Ärztin rief: „Der Frau fallen ja die Arme herunter, ich glaube, sie ist tot." Dann wurde sie sofort wiederbelebt und kurz darauf spürte sie, wie ihre Seele wieder in ihren Körper zurückkehrte.

Bis dahin konnte man ja noch glauben das Ganze war ein böser Traum oder man hat sich das alles eingebildet. Was aber drei Tage später passierte verschlug Gabi die Sprache. Sie bekam einen Brief von ihrem Sohn, der in Norddeutschland im Kinderheim war. Er hatte ein Bild für seine Mama und sein neues Geschwisterchen gemalt. Es war ein Schiff, genau das Schiff, dass sie vor drei Tagen an ihrem Todestag auf ihrer geistigen Reise zu ihrem Sohn in den Norden gesehen hatte. Nun gab es keinen Zweifel mehr, es war kein Traum, sie hatte es wirklich erlebt. Ein paar Jahre später fuhren sie alle zusammen an den Ort, wo sie während ihres klinischen Todes ihren Sohn besuchte und sie kannte sich überall aus, ja sie wusste sogar noch, wo das Zimmer war, in dem sich damals ihr Sohn aufhielt.

Diese geschilderten Wahrnehmungen von Verstorbenen oder klinisch Toten, sind so konkret, dass man an einem Leben nach dem Tod nicht mehr zweifeln dürfte. Dies sagt uns aber auch, dass die Verstorbenen mit uns leiden, wenn wir weinen und um sie trauern. Sie sagte nämlich, ich konnte die Gefühle meines Sohnes wahrnehmen. Das heißt, wenn Sie um einen Menschen trauern und weinen, weint auch er, denn er liebt Sie. Deshalb schrieb ich auch in meinem Buch, der Verstorbene kann sich ganz schlecht von der Welt und uns lösen, wenn Sie ihn gedanklich nicht freigeben, wenn Sie ihn nicht gehen lassen möchten. Lassen Sie los, lassen Sie den Verstorbenen ins Licht ziehen, er beginnt dort ein neues Leben! Ein ewiges Leben, ein weitaus schöneres Leben, es geht ihm jetzt besser als hier auf dieser Welt! Geben Sie dem Verstorbenen diese Chance, glücklich ins Licht zu gehen! Er darf auf der Erde keine Fesseln mehr haben.

Vor kurzem lernte ich durch meine Freundin Petra bei einem unserer Frühstückstreffen Simone kennen. Wir waren fünf Frauen die sich über alles Mögliche unterhielten und letztlich kamen wir auf mein geplantes Buch zu sprechen. Wir erzählten uns gegenseitig, was wir bereits für außergewöhnliche Erfahrungen gemacht hatten und ich war überrascht, was auch ihnen bereits alles passiert ist. Simone sagte: „Auch mir ist etwas ganz Besonderes passiert. Ich kann jetzt nicht darüber reden, denn es bewegt mich zu sehr, aber ich werde es dir aufschreiben." Ein paar Wochen später erhielt ich diesen Brief:

Hallo Marlene,
jetzt schildere ich Dir kurz mein Erlebnis:
Es war in der Nacht vom 9. auf den 10.10.2001. Nach meiner schweren Operation hatte ich trotz starker Schmerzmittel unbeschreibliche Schmerzen. Die Schwester war gerade bei mir, um den Verband zu wechseln als ich so vor mich hindämmerte. Ich war immer umgeben von einer unbeschreiblich hellen Kugel, die eine sehr starke Ausstrahlung hatte. Dabei fühlte ich mich sehr ruhig und geborgen, so als ob ich aus einem wunderschönen Traum erwachen würde. Als ich

wieder ein wenig zu mir kam, sah ich an mir herunter in Richtung wo der Schmerz herkam und bemerkte dabei, dass die Blutung nicht gestoppt werden konnte und sah wie mein Blut bereits die Bettdecke durchnässte. Sofort drückte ich auf den Klingelknopf, um das Pflegepersonal zu informieren. In dem gleichen Moment nahm ich einen wunderbaren, schwebenden Zustand wahr. Alle Schmerzen waren auf einmal weg, ich fühlte mich glücklich und dachte noch, wo sind denn meine Schmerzen? Ich hörte eine mir bekannte Stimme sagen: „Hier hast Du keine Schmerzen mehr." Ich erwiderte: „Aber ich hatte ein Leben lang Schmerzen." „Das wissen wir", sagte die Stimme, „aber hier hast du sie nicht mehr." Dieses tolle Gefühl akzeptierte ich nur zu gerne.

Unter mir, ich konnte meinen leblosen Körper sehen, herrschte emsiges Treiben. Die Ärzte kämpften um mein Leben. Ich konnte sehen, wie ich an diverse Geräte angeschlossen wurde. Schwestern rannten mit Bluttransfusionen herbei. Immer wieder musste ich mich fragen: „Was tun die denn da, es ist doch so schön hier und mir geht es gut. Endlich bin ich schmerzfrei hier oben!" Mit einem inneren Frieden beobachtete ich das Ganze. Dann kam die helle Kugel wieder und ging mit mir durch einen dunklen Raum. In diesem befand sich eine Tür, als diese Tür aufging, sah ich nur noch ein helles, wunderschönes, faszinierendes Licht. Das Licht strahlte Wärme und Geborgenheit aus, es war so unbeschreiblich schön, es ist mit eigenen Worten kaum zu beschreiben. Hinter dieser Türe mit dem hellen Licht erkannte ich meinen Papa, Freunde und Verwandte, die bereits verstorben waren. Mein Vater kam auf mich zu, nahm mich in den Arm und sagt: „Du darfst noch nicht hier sein, die Zeit kommt später, ich hab Dich sehr lieb!" Jetzt vernahm ich wieder andere Geräusche und die Stimmen der Menschen. Es war, nachdem ich wie von einem Staubsauger wieder in meinen Körper zurückgezogen wurde, weg von meinem Papa und Freunden!

Jetzt setzten wieder diese schlimmen Schmerzen ein. Ich war wieder in meinem Körper, in meinem Bett und konnte nur noch weinen, es war fast unmöglich, mich wieder zu beruhigen. Die Krankenschwester gab mir ein Beruhigungsmittel. Als ich sie fragte: „Was war denn los" Da sagte sie nur: „Nichts", das geht alles wieder vorbei!" Aber dieses „Nichts" war alles für mich, es bedeutete mir sehr viel.

Was mich später allerdings immer wieder sehr belastet hat, war die Tatsache, dass ich mit niemandem über das Erlebte reden konnte. Ich habe immer nur ein mildes Lächeln oder gar ein ungläubiges Kopfschütteln geerntet, wenn ich es irgendwo erzählte. Sogar als ich meiner Mutti davon erzählte und ihr mitteilte: „Papa geht es gut", konnte sie kein Verständnis für mich aufbringen. Irgendwann wollte ich es niemandem mehr erzählen, denn alle dachten, ich würde spinnen. Bis zu dem Tag, als ich dich kennen lernte. Es war das erste Mal, dass ich von jemandem ernst genommen wurde. Es tut richtig gut zu merken, dass jemand da ist, der mich ernst nimmt. Ich danke Gott dafür!

Dieses Kapitel habe ich kurz vor Beendigung meines Buches eingefügt. Und vielleicht können Sie sich erinnern, als ich fragte, ob Ihnen auch schon einmal so etwas passiert ist, dass Sie eine leuchtende Kugel gesehen haben? Es ist mir schon mehrmals passiert aber ich wusste nie, was es zu bedeuten hatte. Erst das Medium hat es mir bei meinem Besuch erklärt und nun habe ich es auch durch Simones Nahtodeserfahrung hören dürfen. Es muss sich um die Energie eines Verstorbenen handeln.

Ein einziger Mensch kann in seinem Leben so viel Gutes oder auch Böses bewirken und das alles hat einen Grund. Je nachdem was er auf der Erde geleistet hat, so werden auch die Dimensionen (Stationen oder Bewusstseinsebenen) sein, auf die er nach seinem Tod gehen muss. Man gelangt dann auf eine höhere Ebene, wenn man ein Leben voller Gefühl und Nächstenliebe geführt hat. Menschen die Schlimmes auf Erden geleistet haben, werden auch auf einer niedrigen Ebene bleiben, bis sie in einem nächsten Leben Besseres leisten. Die niedrige Ebene ist nicht viel anders als das Erdendasein, man empfindet Kälte, Schmerzen, Nebel und Dunkelheit. Es muss nicht sein, dass Menschen, die ein Leben lang zusammen waren, sich nach dem Tod wieder auf der gleichen Ebene befinden. Sie sehen es doch bereits im Leben zwischen Mann und Frau. Sie heiraten, bekommen Kinder aber nach ein paar Ehejahren bekommen die Frau und die Kinder Schläge! Die Kinder sind gut, sie sind junge, unwissende Seelen, die Frau ist geduldig und wehrt sich nicht. Nun muss man doch verstehen, dass diese Menschen nicht die gleiche Belohnung erhalten. Man kann es Gefängnis oder Freiheit nennen, Himmel oder Hölle, Sommer oder Winter oder obere und untere Ebene aber die Guten werden auch von Gott ihren Lohn, den sie auf dieser Erde eingebracht haben, erhalten. Deshalb sollen wir nicht rachsüchtig sein, wenn man uns Unrecht tut, selbst dann, wenn wir manchmal glauben, wir kommen aus dem Tal der Tränen nicht mehr heraus. Wir werden am Ende das Licht und die Sonne sehen, das ist unser Lohn!

Viele Seelen die klinisch tot waren berichten, dass sie bei ihrem Ableben ihr ganzes Leben wie einen Film an sich vorbeiziehen sahen. Sie durften sich selbst bewerten und nannten es auch Gericht, sie selbst durften richten wie ihr Leben verlaufen ist, aber dieser Vorgang des sich Selbsterkennens war weitaus schmerzlicher als man sich vorstellen kann. Jedes Gefühl, das sie dem Anderen angetan haben, wurde nun von ihnen nachempfunden und das war das Schmerzliche an der Sache. Jede Seele hat viele Reinkarnationen durchleben müssen und kein Leben verläuft zufällig. Auch die Menschen, mit denen wir zusammentreffen, sind für uns bestimmt. So kann es sein, dass eine hochentwickelte Seele einer weniger entwickelten Seele im Leben zugeteilt wird, um ihr zu helfen. Ob sie die Hilfe annimmt, ist nicht immer sicher, das entscheidet die Seele allein, aber Gott gab ihr die Chance, sich genau so positiv zu entwickeln wie die ihr zugeteilte gute Seele. Wenn so zwei Seelen aufeinander treffen mag die gute Seele oft zu Recht behaupten, ich ging durch die Hölle, oder ich hatte die Hölle auf Erden. Haben wir diesen Satz in unserem Leben nicht bereits schon oft genug gehört? Gott wusste, die gute Seele wird es schaffen und standhaft bleiben und er wollte der anderen noch nicht gefestigten Seele eine Chance geben. Durch die Wiedergeburt erhalten wir jedes Mal eine neue Chance, die wir auch nutzen sollten. Aber auch im Jenseits hat jeder seine Aufgabe und auch dort ist man bemüht, sich weiter zu entwickeln, allerdings stehen uns dort viele Helfer zur Verfügung, wobei man auf dieser Erde keine Zeit mehr für den anderen hat.

Was aber von allen Menschen, die eine Nahtoderfahrung erlebt haben, immer wieder berichtet wird, ist die Tatsache, dass sie keine Angst mehr vor dem Tod haben, im Gegenteil, sie möchten dieses Gefühl ganz bewusst erleben. Sie haben ihr Leben geändert, sie sind gelassener, glücklicher und zufriedener. Interessant ist auch, dass Menschen, die ein Leben lang blind waren, wenn sie klinisch tot sind, wieder sehen können. Oder dass Menschen, die immer Schmerzen hatten, im Jenseits keinen Schmerz mehr verspüren. Menschen die nicht hören konnten, also taubstumm waren, wieder hören konnten. Menschen die im Rollstuhl waren sich wieder frei bewegen konnten.

Was kann Trauer bewirken?

Vor ein paar Tagen rief mich meine Tochter an und weinte. Sie erzählte mir von ihrer Schulfreundin die von Gott so hart gestraft wird und die doch so ein guter Mensch sei. Sie hatte bereits mit 12 Jahren ihre Mutter verloren, sie ist an Brustkrebs gestorben. Dann verstarb ihr Bruder und vor ein paar Tagen wurde sie Mutter und hatte am dritten Tag nach der Geburt ihr Baby verloren. Ich versuchte sie zu trösten so gut ich konnte. Sie berichtete mir, dass sie sich wundert, wie tapfer ihre Freundin sei, da sie bereits so viel Leid mit so viel Fassung ertragen musste. Das Ganze hat mich selbst sehr berührt. Jeder Mensch geht mit der Trauer anders um. Der Tod eines geliebten Menschen steht auf der Stress-Skala an erster Stelle. Man hat sein Leben mit dem Menschen geteilt, gute, manchmal aber auch schlechte Zeiten zusammen erlebt. Aber meistens ist es so, dass man nach dem Tod eines geliebten Menschen die schlechten Zeiten sofort vergisst, es gibt in der Erinnerung nur noch schöne Zeiten. Das macht den Abschied noch viel schwerer. Dazu kommt noch die Zeit des Alleinseins. Alles im Haus erinnert an den Verstorbenen, zu allem gibt es eine eigene Geschichte, ob es ein Foto, ein Musikstück, ein Geschenk oder ein bestimmter Geruch ist. Es ist einfach furchtbar! Man kann nicht vergessen, man kann nicht schlafen, man kann nichts mehr essen. Auf der Arbeit ist man unkonzentriert. Gibt es dafür eine Lösung, den Schmerz zu vergessen oder zu verdrängen? Sie müssen mit dem Menschen den Sie lieben über den Verstorbenen reden, denn das tut der eigenen Seele gut.

Schmerz und Trauer hat viele Gesichter und man muss versuchen, einen Menschen in Trauer besser zu verstehen, denn der ganze Körper steht unter Hochspannung. Es können Magen-Darmbeschwerden auftreten, Herz-Kreislauferkrankungen, dies zeigt sich mit Schweißausbrüchen, Atemnot, Herzbeklemmung, Übelkeit, Schlaflosigkeit, Unkonzentriertheit, Gereiztheit und bei jeder Kleinigkeit bricht der Trauernde in Tränen aus. Weinen Sie nur, denn weinen tut gut, befreit und reinigt die Seele.

Man kann außerdem noch seinen Arbeitsplatz verlieren, weil man sich nicht mehr auf die Arbeit konzentrieren kann und in unserer schnelllebigen Zeit wird auf Gefühle anderer keine Rücksicht genommen. Ärzte verschreiben in solchen Situationen meistens Beruhigungstabletten und Antidepressiva, aber das ist keine Lösung, sondern kann den Trauernden noch in eine Abhängigkeit stürzen, dann kommt noch ein weiteres schwerwiegendes Problem dazu. Denn eine Abhängigkeit von Psychopharmaka kann man mit einer Alkoholabhängigkeit gleichsetzen, der Weg zurück kann lang und schwierig werden. Es gibt aber auch Trauernde, die sich dann dem Alkohol verschreiben. Beides ist keine Lösung! Diese Menschen brauchen **Sie**, Ihre Liebe, Ihren Rat, Ihr Trauern, Ihr Gespräch, Ihr Verstehen. Nur mit Liebe kann man Trauer bewältigen, ziehen Sie sich nicht zurück, trauern Sie offen, mit Ihren Freunden. Nehmen Sie den Schmerz an, Sie können auch in die freie Natur gehen und Ihren Schmerz herausschreien, denn es wird Sie erleichtern. Treiben Sie Sport, denn er setzt ein Glückshormon frei und stärkt die Abwehrkräfte Ihres Immunsystems. Gefühle zu unterdrücken macht krank. Ich zum

Beispiel hasse den Satz: „Jetzt reiß dich endlich mal zusammen", denn es drückt irgendwie ein Desinteresse an der Person aus, obwohl viele es gar nicht so meinen. Diesen Satz hat man zu mir auch schon öfters gesagt, wenn ich in Tränen ausgebrochen bin. Versuchen Sie, wenn erforderlich, Ihren Schmerz nur mit pflanzlichen Beruhigungsmitteln und Antidepressiva einzudämmen, denn es gibt mittlerweile so viele hilfreiche pflanzliche Medikamente, die helfen, aber nicht abhängig machen. Auch ein Gläschen Rotwein am Abend kann ebenfalls dazu beitragen, dass Sie sich ein wenig beruhigen.

Beten ist die beste Medizin für uns selbst und den Verstorbenen. Ich bin mir sicher, dass die Seelen durch unser Gebet und das Verzeihen von ihren Sünden freigesprochen werden und dadurch schneller auf eine höhere Bewusstseinsebene aufsteigen. Ich kann mich noch erinnern, wie ich mich mit einer Bekannten unterhielt und sagte, dass die Seelen möchten, dass wir für sie beten, bei diesem Satz ging das Licht im Wohnzimmer immer wieder an und aus. Das kann doch kein Zufall sein!? Das mit dem Licht passiert nicht nur bei mir zuhause, sondern gerade dort, wo ich mich aufhalte und ein Zwiegespräch mit meinem Vater führe. Ansonsten hätte ich ja noch geglaubt, es läge an unserer Stromversorgung.

Ich rede immer mit dem Verstorbenen so, als wäre er noch da. Je nach der Situation in der ich mich befinde, spreche ich noch heute mit dem entsprechenden Verstorbenen, der mir in dieser Situation am besten helfen könnte. Zum Beispiel war meine Omi eine ganz tüchtige Frau, sie war ein kleines Putzteufelchen, man könnte sagen, putzen war ihr Hobby. Seit meinem Unfall habe ich immer große Probleme beim Putzen. Dann rede ich immer mit meiner Omi, wie gerne sie die Arbeit gemacht hat und dass sie mir sicher jetzt gerne helfen würde und es beruhigt mich. Dann gibt es wieder Tage, wo mir mein Vater fehlt, er z.B. war ein sehr guter Geschäftsmann, wenn ich dann vor einer schwierigen Entscheidung stehe, frage ich ihn, wie er sich jetzt verhalten würde. Sie können mir glauben, es erleichtert mein und Ihr Leben, wenn Sie die Verstorbenen weiter in Ihr Leben lassen. Ich bin auch deshalb der Meinung, dass mir genau aus diesem Grund so viele wunderbare Dinge passieren. Man muss einfach den Kontakt zu den Verstorbenen suchen und dann aber auch zulassen und für sie beten.

Was mir besonders häufig aufgefallen ist, und mich auch ein wenig traurig macht, ist die Tatsache, dass sich andere Menschen mit jemanden, der in Trauer ist, nicht befassen können, bzw. sie haben Angst ihn darauf anzusprechen und auf ihn zuzugehen, so geht es auch mit körperlich behinderten Menschen. Man wendet sich ab, weil man selbst unsicher ist. Am Tag der Beerdigung ist jeder für den Trauernden da, aber was danach kommt ist noch viel schlimmer und dann kommt niemand mehr, denn jeder geht wieder seinen eigenen Weg. Es ist bestimmt nicht böse gemeint, aber durch die eigene Unsicherheit macht man gar nichts, in der Hoffnung so nichts falsch zu machen. Aber man muss mit diesen Menschen mittrauern. Sie möchten auch mit anderen Menschen über den Verstorbenen reden. Also gehen Sie auf andere zu, die in Trauer sind, denn sie brauchen Sie und Ihr gutes Wort und Ihren Beistand. Nehmen Sie den Trauernden ganz einfach in den Arm und weinen Sie mit ihm. Genau das hat meine Tochter getan, als sie von der Trauer ihrer Freundin hörte. Und glauben Sie mir, es ist schön in der Not einen guten Freund zu haben auf den man sich verlassen, und der auch mit einem weinen kann.

Manchmal könnte man tatsächlich verzweifeln, wenn man so etwas hört. Wenn ein Mensch so viel Leid erdulden muss und das Schicksal gleich mehrmals so hart zuschlägt. Aber wenn wir uns wirklich mit dem Tod beschäftigen, wissen wir, dass wir uns alle einmal wiedersehen und dürfen nicht traurig sein. Die Menschen, die Gott so früh zu sich gerufen hat, hatten bereits ihr Ziel erreicht. Denn warum hätte meine Mutter oder so viele andere die bereits auf der anderen Seite angekommen waren, wieder auf diese Welt zurückgehen müssen? Oder ist es der Wille Gottes, dass es ein paar Menschen gibt, die Zeugnis abgeben dürfen, dass es noch etwas Anderes nach dem Tod gibt, nämlich das ewige Leben? Wie könnten wir es sonst verstehen, dass nach dem Tod noch etwas anderes kommen muss?

Spiritisten und Medium

Vermittler zwischen dem Diesseits und dem Jenseits sind sich sicher, dass die Existenz eines Lebens nach dem Tod Tatsache ist, was sie auch während der Séancen unwiderlegbar beweisen konnten. In London, dem Land mit den meisten Geister-Seelen der Verstorbenen, hat man im Jahre 1882 die „Society for Psychical Research" gegründet. Schon damals war man neugierig, ob die ungewöhnlichen Phänomene und Erscheinungen tatsächlich existent oder nur Irrglaube sind. Es wurde in der Zwischenzeit so viel Material gesammelt, dass man es in mehrere Kategorien einteilte unter anderem in Erscheinungen von Geistern, das Sprechen durch ein Medium und automatisches Schreiben, d.h. der Betreffende schreibt, ohne dass er die Wörter selbst bestimmt, er wird von einem Geist bzw. (einer Seele) auserwählt. Mit dem Wort Geister tue ich mir schwer und ich versuche es jetzt mit den Worten Seele oder Verstorbenen denn es handelt sich ja schließlich um einen ehemaligen Diesseitigen, der aus dem Jenseits Botschaften an uns verschicken bzw. übermitteln möchte. Außerdem gibt es die **"out of Body experiences"**, d.h. Erfahrungen außerhalb des Körpers - **Nahtoderfahrungen**. Es existieren auch verabredete Erscheinungen, besonders bei den Forschern die an diesen Projekten gearbeitet haben. Nach ihrem Tod sind sie wie vorher verabredet erschienen und haben glaubwürdig machen wollen, dass es tatsächlich ein Leben nach dem Tod gibt.

Es gab das bekannte Medium Doris Stokes. Sie war eine der ersten, die sich mit den Verstorbenen unterhalten und deren Wünsche und Gedanken an die Angehörigen weitergeben konnte. Manche glaubten ihr zuerst nicht, bis sie dann merkten, es kann nicht erfunden sein, was sie den Angehörigen mitteilte, denn es waren Sachen, die tatsächlich nur jemand wissen konnte, der den Verstorbenen gekannt hat. Sie bemerkte diese Eigenschaft bereits in jungen Jahren, denn sie konnte Dinge vorher sagen, bevor sie eingetroffen waren, dies beunruhigte ihre Mutter, aber der Vater war stolz auf sie, denn er hatte diese Eigenschaft der übersinnlichen Wahrnehmungen an seine Tochter weitergegeben, denn auch er hatte diese Gabe. Aber erst nach seinem Tod reifte diese Begabung voll aus, sie wurde als Medium immer besser. Er zeigte sich nochmals nach seinem Tod.

Doris war so verzweifelt, als sie die Nachricht erhielt, dass ihr Mann im zweiten Weltkrieg gefallen sei. Als sie so unglücklich da saß und sich darüber Gedanken machte, öffnete sich auf einmal die Tür und vor ihr stand ihr über alles geliebter Vater. Er stand vor ihr, als wenn er noch leben würde und sie konnte es kaum fassen, wie so etwas möglich sein konnte, er war doch tot. Er sah aus wie zu Lebzeiten. „Kind", sagte er, „dein Mann ist nicht tot, denn er ist nicht bei uns angekommen, wäre er tot, dann müsste er bei uns sein. Sei nicht traurig und glaube mir, ich habe dich noch nie angelogen und spätestens an Weihnachten wirst du den Beweis haben." Nachdem er das gesagt hatte, verschwand er wieder. Sie bekam dann ein Schreiben vom Amt mit der Bestätigung, dass ihr Mann im Krieg gefallen sei, aber sie konnte nicht trauern, denn sie glaubte an die Worte ihres Vaters. Und tatsächlich noch vor Weihnachten bekam sie die Bestätigung, dass ihr Mann doch noch am Leben sei. Er war zwar verwundet aber nicht tot und er würde in Kürze aus der Gefangenschaft entlassen.

Astralreisen

Von mir auch der kleine Tod (Verlassen des Körpers im Schlaf) genannt, es kommt bei mehr Menschen vor als bisher angenommen. Aber wer kann schon darüber reden ohne als verrückt abgestempelt zu werden. Astralreisen werden von dem Betreffenden mit dem Geist gesteuert, wenn sie einen anderen Ort oder andere Menschen aufsuchen möchten. Sie werden von diesen auch zunächst als Geist wahrgenommen, aber die meisten halten es sicherlich zuerst für eine Sinnestäuschung. Auch mir ist dies bereits passiert, dass eine Person, die mir bekannt war, ganz plötzlich neben mir stand, als ich dann den Namen rief, bzw. sie ansprechen wollte, war sie wieder verschwunden. Ich konnte sie ganz genau sehen, aber dann war sie nicht mehr da. Die betreffende Person befand sich auch nicht in meiner Wohnung, war auch nicht verstorben, sie musste zu Hause gewesen sein, hatte den Körper im Schlaf (es war spät am Abend) verlassen und sich gedanklich zu mir begeben. Sie dürfen ganz sicher sein, ich habe die Betreffenden nie darauf angesprochen, denn was soll man dem Menschen sagen, wenn einem so etwas passiert?

Menschen, die eine Nahtoderfahrung erlebt haben, berichten ja ebenfalls darüber, dass sie nur an die Person oder den Ort denken mussten, an den sie sich begeben wollten und sie kommen dort auch ohne viel Anstrengung hin, nur durch die Kraft der Gedanken. Sie kommen an die Örtlichkeiten zu geliebten Personen in das gleiche Zimmer und hören auch die Gespräche der Anwesenden, die sie allerdings nicht immer sehen können. Derjenige der auf Astralreise geht, sieht aber nicht nur die Personen in dem Raum, sondern sie können auch Veränderungen wiedergeben wie z.B. neue oder umgestellte Möbelstücke. Man weiß auch, das meistens Frauen übernatürliche Fähigkeiten besitzen. Vielleicht ist das darauf zurückzuführen, dass Frauen etwas offener und sensibler sind als Männer. Das männliche Geschlecht schließt solche Sachen ja grundsätzlich sofort aus, selbst wenn Beweise existieren, ist das für sie noch lange kein Beweis.

Erst kürzlich habe ich im Fernsehen die Dokumentation einer Astralreise gesehen. Es handelte von einem jungen Ehepaar, sie waren auf der Suche nach einem günstigen Haus. Jede Nacht verließ die Frau ihren Körper, um auf Wohnungssuche zu gehen. Am Morgen wusste sie eigentlich nicht viel darüber, aber sie erzählte ihrem Mann ständig, wie ihr Traumhaus aussah, beschrieb genau die Räumlichkeiten, die Anzahl der Zimmer und Bäder und wie das Haus von außen aussah. Aber sie konnte sich nicht genau erklären, wo und wie sie dieses Haus finden konnte, sie glaubte es existiere nur in ihrer Phantasie. Sie nahmen sich ein paar Tage frei, um mit einer Maklerin Häuser anzuschauen, aber nie war das Richtige dabei. Eines Tages machten sie eine Fahrt durch die Gegend, um sich wieder ein paar Häuser anzuschauen, als sie plötzlich rief: „Stopp, stopp, da ist ja das Haus von dem ich jede Nacht träume." Zudem stand vor dem Haus ein Schild mit der Aufschrift -zu verkaufen-. Sie machten einen Termin mit der Maklerin aus, die auf dem Schild vermerkt war. Als diese ihnen das Haus zeigen wollte, ging die junge Frau wie selbstverständlich durch das Haus. „Und oben sind die Schlafzimmer!", sagte sie. Die Maklerin schaute sie erstaunt an und fragte: „Kennen Sie das Haus bereits?" Ohne eine Antwort abzuwarten sagte ihr Mann: „Ich bin sicher, wir können uns das Haus nicht leisten." „Ganz bestimmt können sie sich das Haus leisten, denn das Haus wird sehr günstig verkauft." Als die Maklerin ihnen den Preis nannte, konnten sie es beide kaum glauben, auch der Preis war für sie wie gemacht, denn genau so hoch wie der Preis war, wollte auch ihre Bank das neue Haus finanzieren. Trotzdem wollten sie wissen, warum das Haus so günstig verkauft wird. Die Maklerin sagte: „Die Eigentümerin liebt dieses Haus, aber sie will es ganz schnell loswerden, denn sie glaubt, es spukt in dem Haus. Aber Sie wissen ja, wie ältere Menschen sind, die haben meistens Angst in so großen, leeren Gebäuden und ich glaube nicht an einen Spuk. Sicher wollte sie zu ihrer Tochter und hat dies als Vorwand benutzt." Die alte Dame kam zu dem vereinbarten Termin, um den Kaufvertrag zu unterschreiben und ließ einen lauten Schrei los, als sie die Käufer ihres Hauses sah: „Da ist ja die Frau, die fast jede Nacht wie selbstverständlich durch mein Haus geistert." Die junge Frau war fast jede Nacht auf Astralreise und verwechselte das Geschehen mit einem Traum. Sicher kann es auch uns passieren, dass wir nachts unseren Köper verlassen und am nächsten Tag denken, wir hatten einen Traum.

Es gibt auch **Kontrollgeister**, d.h. der ganze Körper des Mediums wird von einem Verstorbenen übernommen. Das Medium spricht mit einer anderen Stimme, diese kann sowohl einer männlichen als auch einer weiblichen Seele gehören. Was auch öfters vorkommt ist die Tatsache, dass ein Medium plötzlich in einer ihr unbekannten Sprache spricht. Bisweilen gab es auch Seelen bekannter Maler oder Musiker, die sich eines Mediums bedienten, das weder musikalisch war noch malen konnte und auf einmal diese Begabung bekam, dadurch wollte der Verstorbene seine Fähigkeiten durch einen anderen Menschen weiter und wieder aufleben lassen.

Es gibt auch andere **Phänomene wie Klopfzeichen** oder das **Bewegen von Gegenständen** ohne dass jemand sichtbar ist, des öfteren fangen auch Musikinstrumente (Klavier) an zu spielen. Meistens handelt es sich um das Lieblingsstück des Verstorbenen. Was möchten uns die Seelen mitteilen? Ganz bestimmt, dass es sie noch gibt und es ihnen gut geht. Denn warum sollte sich mein Vater sonst bei mir melden? Er möchte mich beruhigen und mir das Gefühl geben, dass er noch immer für mich da ist, oder er möchte mir sagen, dass ich mir keine Sorgen um ihn machen muss, denn die Häufigkeit seines Bemerkbarmachens ist immer ganz intensiv, wenn ich besonders traurig oder krank bin. Wenn ich größere und schwierige Entscheidungen treffen muss, aber auch an Feiertagen wie Weihnachten, Sylvester und an Geburtstagen. Wir kommunizieren dann über das Licht. Wenn meine Entscheidung gut war, bitte ich ihn dreimal das Licht an- und ausgehen zu lassen, das heißt ja. Es passiert dann tatsächlich, je nachdem, wie er die Entscheidung selbst bewertet, es kommt mir vor wie ein Trost oder eine Hilfestellung aus dem Jenseits.

Das **elektronische Stimmenphänomen** wurde bereits in den sechziger Jahren zum ersten Mal erkannt und zwar von dem Schweden Jürgenson und dem Letten Raudive. Jürgenson saß mit einem batteriebetriebenen Tonbandgerät in freier Natur, fern von jedem Großstadtlärm, um Vogelstimmen aufzunehmen. Als er dann nachhause kam und das Band abhörte, wurde das Gezwitscher der Vögel von Stimmen begleitet, die sich auch über das Vogelgezwitscher unterhielten, er hatte die Stimmen aber zum Zeitpunkt der Aufnahme nicht vernommen. Aber er machte sich da noch keine großen Gedanken darüber und wertete das Geschehen als Zufall. Erst als die Stimmen ihn persönlich ansprachen und er seine verstorbene Mutter dabei erkannte, wusste er, was für ein großer Durchbruch ihm gelungen ist. Ihm war der Durchbruch ins Reich der Verstorbenen gelungen. Auch ich kann mich erinnern, wie ich voller Begeisterung vor dem Fernseher saß als dieses Phänomen zum ersten Mal vor laufender Kamera von RTL mit dem Moderator Rainer Holbe in den siebziger Jahren mit dem Titel „Unheimliche Geschichten" gezeigt wurde. Es war fast unglaublich, die Stimmen der Verstorbenen auf dem Tonband (wenn auch etwas undeutlich) zu hören oder wie sich Verstorbene im Fernsehen zeigten. Diese Technik wurde mit den Jahren immer besser. Klaus Schreiber stellte dieses Verfahren, das er entwickelt hatte, im Fernsehen vor. Was für ihn sicher das größte Glück bedeutete, war die Tatsache, dass er das Gesicht seiner verstorbenen Tochter Karin auf dem Bildschirm sehen konnte. Damals sah man Romy Schneider, Albert Einstein, Ludwig II, Curd Jürgens und auch weniger bekannte Menschen auf dem Bildschirm, wenn auch etwas verschwommen, aber doch erkennbar.

Als Jürgenson 1987 verstarb, versuchte man nach seinem Tod mit ihm Kontakt aufzunehmen und es gelang!

Man stellte die Geräte so ein, wie damals von ihm angegeben. Er teilte mit, dass man alles noch viel besser machen könne, um mit den Verstorbenen zu kommunizieren und dass es sieben Dimensionen im Jenseits gäbe. Was außerdem auch bemerkenswert war, ist die Tatsache, dass er am Tag seiner Beerdigung auf dem Bildschirm von Freunden erschien, die damals erkrankt waren und nicht auf seine Beerdigung kommen konnten, was sie sehr bedauerten. Mehrere schwedische Zeitungen schrieben davon und nannten es keinen Zufall, denn Jürgenson hatte es ja versprochen, wenn es ein Leben nach dem Tod gibt, sich bemerkbar zu machen. Aber es gab noch mehrere Ereignisse wo sich Verstorbene auf dem Bildschirm zeigten. Unter anderem auch der deutsche Klaus Schreiber. Er hat wie bereits erwähnt ebenfalls an dem Projekt, dass es ein Leben nach dem Tod gibt, mitgearbeitet.

Was ich bis heute noch nicht erklären konnte sind die Geräusche auf meinem Anrufbeantworter. Mindestens alle 1-2 Monate wenn ich meinen Anrufbeantworter abhöre, werde ich mit einem Phänomen konfrontiert, dass ich mir bis zum heutigen Tag nicht erklären kann. Wenn ich nach Hause komme und meinen Anrufbeantworter abhören möchte, höre ich bis zum Ende des Bandes (ca. 15 Minuten) immer das gleiche Geräusch. Es hört sich an, als wäre jemand in einem Zug oder am Meer, es rauscht ununterbrochen und ist extrem laut und im Hintergrund höre ich Stimmen. Aber ich kenne niemanden, der gerade eine Reise macht und mich telefonisch erreichen möchte. Es hat mich am Anfang immer geärgert, weil ich mir dachte, da will sich jemand einen Scherz mit mir erlauben, bis ich in einem Buch gelesen habe, dass Verstorbene auch per Telefon Kontakt mit den Lebenden aufnehmen können. Vielleicht sollte ich beim nächsten Mal dem Ganzen mehr Aufmerksamkeit schenken und die Stimmen im Hintergrund analysieren lassen, vielleicht will mich niemand ärgern, sondern mir nur mitteilen, dass es ihn noch gibt. Diese Sache passiert nun schon über einen Zeitraum von vier Jahren und ich habe dieser Sache niemals irgendwelche Bedeutung geschenkt, sondern das Band immer nur gelöscht.

Die neue Generation der Physiker sagt, dass Energie unzerstörbar ist und der Geist sei eine Energie die man nicht auslöschen kann. Aber es gibt auch heute noch immer viele Skeptiker.

Geistheilen

Einige Menschen, besonders unheilbar Kranke oder Menschen, die unter chronischen Beschwerden leiden, gehen zu Geistheilern, meistens dann, wenn die Schulmedizin nicht mehr helfen konnte. Es ist bekannt, dass es besonders viele Geistheiler in meiner Heimat Bayern gibt. Und die Menschen, die ich anschließend gesprochen habe, hatten in den meisten Fällen durch sie Hilfe erfahren. Da fragt man sich, kann Glaube Berge versetzen, oder ist da wirklich etwas dran? Die Geistheiler, gerade in unserer Region sind sehr fromme und gläubige Menschen, sie verlangen für die Heilung auch kein Geld. Der Kranke kann etwas geben, aber es liegt in seinem Ermessen. Aber ich bin sicher, wenn Sie lange krank waren und gelitten haben, werden Sie schon aus Dankbarkeit etwas geben, sofern Ihnen geholfen wurde. Man sagt, der Körper des Mediums wird von der Kraft und den Heilenergien der geistigen Welt gespeist und das Medium überträgt diese Kraft auf den Kranken. Der Geistheiler/in ist anschließend so ausgelaugt und leer und kann deshalb nur einer bestimmten Anzahl von

Kranken am Tag helfen. Aber früher passierten doch auch im Namen Gottes viele Wunder, nur man nannte sie nicht Geistheiler, sondern Apostel, Jünger Gottes, Gläubige oder Heilige. Es mussten ja immer viele Wunder nachgewiesen werden, bis jemand von der Kirche heilig oder selig gesprochen wurde. Gott kann Menschen als seine Werkzeuge benutzen, d.h. seine Kraft geht in andere über und Gott kann somit durch andere Menschen Wunder bewirken.

Als ich die Heilpraktikerschule besuchte, machten wir ebenfalls ein paar solcher Erfahrungen. Menschen mit einer starken Aura können, wenn sie Ihnen die Hand auflegen, in Ihrem Körper eine extreme Wärme und ein Kribbeln auslösen. Diese Wärme geht durch den ganzen Körper.

Gläserrücken

Dies ist wohl die einfachste Form der Kommunikation mit den Verstorbenen und bei den meisten der Einstieg oder die erste Kontaktaufnahme mit dem Jenseits. Dies war auch meine erste Erfahrung mit den Verstorbenen, bzw. meinem verstorbenen Vater.

Auf ein großes Holzbrett klebt man Buchstaben von A-Z und Zahlen von 1-10. Unten auf dem Brett steht links das Wort ja und rechts das Wort nein. Dann wird ein Glas in die Mitte des Brettes gestellt und mit Freunden wird dieses Glas berührt aber nicht geschoben. Es bewegt sich von alleine, wenn eine Seele Kontakt mit Ihnen aufnehmen möchte. Sie sollten vorher ein Gebet sprechen, damit keine Seelen aus den tieferen Ebenen kommen. Denn die Seelen nehmen gerne Kontakt mit den Lebenden auf und es könnte sein, dass Sie Kontakt zu einer Seele bekommen, die sich sogar lustig über Sie macht. Seit der Erfahrung, die meine Tochter mit ihren Freundinnen beim Gläserrücken gemacht hat, haben wir mit dem Gläserrücken aufgehört. Es war eigentlich sehr ernüchternd und ich kann Ihnen nicht genau beantworten, warum es passiert ist. Wie ich ja bereits in einem anderen Kapitel erwähnte, hatte meine Tochter mir das Gläserrücken beigebracht. Sie machten es fast täglich in den Pausen oder nach Schulschluss. Sie riefen den Namen eines Verstorbenen, mit dem sie gerne in Kontakt treten wollten. Eines Tages kam meine Tochter total verstört nach Hause und sagte: „Niemals wieder in meinem Leben werde ich Gläserrücken", und sie erzählte mir, dass sie Kontakt zu einer Seele hatten, die ihnen alles beantwortete, was sie auch fragten aber das Glas fing plötzlich ganz von alleine an zu laufen (das Glas rutschte über das Brett ohne jegliche Berührung), ja es raste fast über das Holzbrett. Als die Mädchen fragten: „Wer bist Du?", raste das Glas ganz schnell auf die Buchstaben T - E - U - F - E -L. Dies war das letzte Mal, dass wir auf diese Art und Weise mit den Verstorbenen Kontakt aufgenommen haben. Es kann eine Seele gewesen sein, die sich einen Scherz erlaubt hat, oder es gibt auch die Macht des Bösen, des Teufels im Jenseits, der gerade mit jungen, unerfahrenen Menschen Kontakt aufnehmen möchte. Deshalb auf jeden Fall immer vorher ein Gebet sprechen oder am besten erst gar nicht mit dem Gläserrücken anfangen. Wenn die Verstorbenen mit Ihnen Kontakt aufnehmen möchten, brauchen Sie keine Gläser zu rücken. Das habe ich im Nachhinein festgestellt.

Verstorbene auf Fotos

Eine ungeheuere Entdeckung war die Tatsache, dass man auf Fotos von einer Hochzeitsfeier, die nach einer Hochzeit entwickelt wurden, auch die verstorbene Mutter, neben der Braut stehen sah. Es erschienen auch Blitze oder helle Lichter auf den Fotos, die man erst bei genauerem Hinschauen deuten konnte. Diese Form der Mitteilung von Verstorbenen tritt häufiger auf als man glaubt. Im Jahr 1928 machte eine ältere Dame ein Foto auf einem Friedhof in England. Als sie den Film entwickeln ließ, sah sie auf dem Foto ein Liebespaar, das sich eng umschlungen festhielt, aber außer ihr befand sich damals niemand auf dem Friedhof. Aber woher kam das Liebespaar? Später wurde dieser Vorfall von der „Society of Research" genauestens untersucht und man stellte fest, dass es das Liebespaar aus dem Grab war, vor dem die beiden standen. Der junge Mann war im Krieg gefallen und seine Verlobte verstarb nur kurze Zeit später und sie wurden beide in einem Grab beigesetzt.

Eine junge Frau in New York ließ in einem Fotoatelier Fotos von sich machen. Als sie die Bilder abholte erschrak sie, denn neben ihr auf dem Foto konnte sie ihren verstorbenen Vater erkennen, der beim Untergang der Titanic vor vielen Jahren ums Leben kam. Früher gab es sogar spezielle Geisterfotografen, die bei spiritistischen Sitzungen fotografierten und es gelang einem Franzosen über 40 verschiedene Bilder mit Verstorbenen aufzunehmen, die bei den Sitzungen erschienen sind aber fürs Auge nicht sichtbar waren. Die Bilder wurden später den Teilnehmern der Sèance gezeigt und diese konnten auf den Fotos ihre Verstorbenen wieder erkennen. Diese Experimente sind am besten mit schwarz-weiß Fotos zu machen.

Eine Frau aus Deutschland machte beim Papstbesuch von Johannes Paul II. in München ein Foto und nach dem Entwickeln der Bilder erstrahlte auf einem der Fotos die Hostie, die er in seinen Händen hielt, in einem glänzenden Licht.

Aber auch berühmte Persönlichkeiten wie der verstorbene Präsident Lincoln treten nach ihrem Tod wieder in Erscheinung. Er wurde von einem Verrückten in einer Theaterloge erschossen. Als seine Witwe zum Fotografen ging und die Fotos entwickelt waren, sah man, wie ihr verstorbener Mann, der Präsident, neben seiner Frau stand und die Hand auf ihre Schulter legte. Aber Lincoln zeigt sich nicht nur auf Fotos, sondern er wurde auch öfters von Besuchern oder Präsidenten des Weißen Hauses gesehen. Ich bin immer der Meinung, dass Seelen von Verstorbenen, die eines unnatürlichen Todes gestorben sind, also durch Krieg, Mord oder Selbstmord, wieder ihren Weg auf die Erde zurückfinden, denn sie finden sich im Jenseits nicht sofort zurecht, sie sind noch erdgebunden. Wir haben kein Recht, ein Leben auszulöschen, auch nicht unser Eigenes. Gott alleine bestimmt, wann und wo unser Leben zu Ende gehen soll. Es ist aber auch bekannt, dass Lincoln an ein Leben nach dem Tod glaubte und des öfteren an Séancen teilnahm. Präsident Lincoln war von jeher überzeugt, dass er mit den Verstorbenen in Verbindung treten kann. Vielleicht möchte er uns durch sein stetiges Erscheinen auch mitteilen, dass es ein Leben nach dem Tod gibt.

Hellsehen

Heutzutage gehen sehr viele Menschen zu einem Hellseher oder Wahrsager. Ich kann auch aus eigener Erfahrung darüber berichten. Alles, was ich bei einer Hellseherin erfahren habe, war wahr und ist tatsächlich eingetroffen. Sie sagte mir, dass mein Bruder und ich um unser ganzes Erbe betrogen wurden, was ja tatsächlich der Fall war. Das Erstaunliche dabei war, dass sie mich ja nicht kannte und es mir bei jeder Sitzung sagte. Sie sagte immer zu mir: „Sehen Sie diese Karte? Das bedeutet Diebstahl!"
Ich hatte damals einen Freund, der wie sich später herausstellte, verheiratet war. Er hatte es mir aber nie gesagt, sondern ließ mich in dem Glauben er sei ledig und kinderlos. Aber er führte jahrelang ein Doppelleben, dies war gut möglich, da er in einer anderen Stadt lebte und mich an jedem Wochenende besuchen kam. Er feierte mit mir Weihnachen und wir waren an allen Feiertagen zusammen. Zweimal im Jahr fuhren wir zusammen in Urlaub. Es fiel mir in den ersten Jahren gar nicht auf, dass er eventuell etwas zu verbergen hätte, denn ich war so mit meiner Arbeit und meinen beiden Kindern beschäftigt und sicher auch zu vertrauensselig, dass ich keine Zeit hatte, mir darüber Gedanken zu machen. Trotzdem hatte ich manchmal ein ungutes Gefühl, aber dann dachte ich, wenn er verheiratet wäre, könnte er nicht jedes Wochenende zu mir kommen und mit mir in Urlaub fahren. Ich nahm mir aber dennoch vor, zur Wahrsagerin zu gehen. Wir hatten noch kein Wort miteinander gesprochen, außer uns begrüßt, als Sie zu mir sagte: „Haben sie ein Auto?" Ich verneinte, „Aha, deshalb! Fahren Sie einmal ihrem Freund hinterher, denn er ist verheiratet und hat ein Kind." Ich konnte es nicht fassen, aber sie hatte Recht. Er war tatsächlich verheiratet und hatte ein Kind. Er wollte es mir angeblich nicht sagen,

weil ich am Tag unseres Kennenlernens geäußert hatte, mit einem verheirateten Mann würde ich niemals eine Beziehung eingehen. Dann hatte er angeblich die Scheidung eingereicht und wollte mich damit überraschen. Aber drei Wochen vor seiner Scheidung kam das Ganze heraus, durch eine Wahrsagerin. Ich möchte den Lesern damit keinen Tipp geben, bei Problemen eine Wahrsagerin zu konsultieren. Ich glaube bei mir war es damals nur Neugierde und ich wollte wissen, ob sich mein Gefühl bestätigt. Auf diesem Sektor gibt es nämlich sehr viele schwarze Schafe, deshalb ist da tatsächlich Vorsicht geboten, bei vielen geht es nur ums Geldverdienen. Es war ein Glücksfall, dass ich an eine gute Wahrsagerin geraten bin. Ich habe auch nie nach ihren Worten gelebt oder gehandelt. Ich habe mir das Ganze angehört und mir selbst ein Urteil gebildet und habe mich auch oft gegen ihren Rat entschieden, was mir auch schon zum Verhängnis wurde.

Als ich vor hatte, meinen Arbeitsplatz zu kündigen und eine neue Arbeitsstelle annehmen wollte, ging ich wieder zu ihr. Sie warnte mich davor, meinen Arbeitsplatz zu kündigen und sie hatte wieder Recht. Sie sagte mir, ich würde bei meinem nächsten Arbeitgeber mit Menschen zusammen kommen, die mir erhebliche Schwierigkeiten bereiten würden. „Sie werden dort nicht glücklich", sagte sie, „und nach spätestens drei Monaten laufen sie dort weg." Ich glaubte ihr nicht, kündigte meinen Arbeitsplatz und nahm die neue Stelle an. Von der Frau des Eigentümers wurde ich regelrecht gemobbt und nach ein paar Monaten hatte ich bereits 7 kg abgenommen, so schlimm war diese Zeit für mich. Als ich am Ende meiner körperlichen und auch geistigen Kräfte war, ein paar Monate später, habe ich diesen Arbeitsplatz verlassen, wie von der Wahrsagerin vorhergesagt.

Es ist mittlerweile fast 15 Jahre her, dass ich das letzte Mal bei der Wahrsagerin war. Aber was mir noch heute in Erinnerung ist, war, dass sie beim letzten Mal meines Besuches zu mir sagte: „Sie haben Fähigkeiten, wenn Sie daran arbeiten, werden Sie besser als ich. Ihre **Aura** ist extrem stark und Sie haben mediale Fähigkeiten und verfügen über besondere Kräfte." Damals musste ich darüber lachen, aber heute muss ich noch oft an ihre Worte denken. Ich habe richtige Sensoren die mich vor Gefahren warnen oder mich sofort erkennen lassen, ob mich Menschen anlügen oder ob sie es ehrlich mit mir meinen. Manchmal ist das gut, aber nicht immer, denn es tut weh, wenn man die schlechten Schwingungen spürt, wenn ein Mensch einem nicht gut gesonnen ist. Bis heute habe ich mich nicht mehr in Menschen getäuscht, ich kann sie sofort einschätzen und durchschauen und erkenne ganz klar ihre Absichten, auch wenn sie mich belügen. Man sagt Kinder und Tiere erkennen sofort eine gute Aura bei einem Menschen. Mir ist in all den Jahren meines Lebens aufgefallen, dass ich immer wieder von Kindern angelächelt werde, dass sie auf mich zukommen, dass ich sie auf den Arm nehmen kann, ohne dass sie sich wehren. Und bei Tieren machte ich die gleiche Erfahrung, diese laufen mir immer nach. Als ich vor kurzem eine Bekannte besuchte, staunte sie nicht schlecht, als ich ihre Perserkatze auf den Arm nahm und diese sich von mir streicheln ließ. „Wie ist das möglich", sagte sie, „normalerweise lässt sie sich von niemanden auf den Arm nehmen und bei dir schnurrt sie, als wärt ihr gute Freunde." Die Aura eines Menschen kann auch in der Naturheilkunde von erfahrenen Heilpraktikern gesehen und untersucht werden.

Zu diesem Thema möchte ich Ihnen noch die Erfahrungen einer Mutter schildern, die mich besonders bewegt haben. Eine Mutter musste ständig feststellen, wie ihr kleiner Sohn von einer ganz anderen Welt, in die sie keinen Einblick hatte, erzählte. Während er dies tat, konnte sie seinen kleinen Körper in einem herrlichen Licht erstrahlen sehen. Was soll dieses Phänomen bedeuten? Vielleicht ist es so zu erklären, dass die menschliche Seele des kleinen Kindes noch immer stark mit dem Jenseits verbunden war, deshalb auch die Geschichten, die für die Mutter nicht zu verstehen waren. Auch in meinem Bekanntenkreis kommt es oft vor, dass Mütter mir erzählen, dass ihre Kinder so phantasieren, manche sagen auch spinnen oder lügen dazu. Aber vielleicht lügen oder phantasieren sie gar nicht, sondern sie leben noch in der jenseitigen Welt, wo sie sich mit für uns unsichtbaren Seelen unterhalten. Sie schauen in eine Welt, in die wir Erwachsene keinen Einblick mehr haben. Lassen Sie das Kind gewähren und versuchen Sie mehr darüber zu erfahren.

Ein kleines Mädchen erzählte immer von ihrer Freundin Anna, die aber niemand sehen konnte oder jemals gesehen hat. Und es war auch jedes Mal Anna, die ihr erzählte was als nächstes passieren würde. Die Mutter verbot ihr, sich weiterhin mit Anna zu unterhalten, denn es kam mehrmals zu peinlichen Zwischenfällen. Bei Oma sagte sie deren Tod voraus. Als das Telefon klingelte sagte ihre kleine Tochter: „Anna hat gesagt, die Oma ist gerade gestorben." Es kam auch vor, als sich die Mutter mit ihrer Freundin unterhielt und diese von ihrem Mann erzählte, dass die Kleine sagte: „Du hast ja keinen Mann mehr, hat Anna gesagt." Und tatsächlich musste ihre Freundin nun zugeben, dass dieser die Scheidung eingereicht hatte. Aber je älter das Kind wurde, um so mehr verschwand ihre kleine Freundin Anna, die sie vielleicht von einem anderen Leben her kannte.

Tanjas 5 jährige Tochter Jessica führt immer Gespräche mit einem Wesen namens Katharina. Tanja wollte mehr über Katharina wissen. Die kleine Jessica sagte: „Katharina ist mein Schutzengel, aber ich habe zwei Engel die mich besuchen und die auf mich aufpassen. Der andere heißt: „Ann-Katrin." Tanja fand das Ganze in Ordnung und ließ Jessica gewähren.

Als Tanja ihre Arbeitsmappe für ein Seminar zusammenstellte, nahm sie ein Foto von einem Engel das sie als Deckblatt für ihre Unterlagen benutzen wollte. Ihre Tochter stand interessiert neben ihr und schaute ihr bei der Arbeit zu. Auf einmal rief die Kleine ganz aufgeregt: „Aber Mama, was machst du denn mit meiner Katharina, wo hast du das Foto her?" Tanja war so überrascht, dass sie mich sofort anrief, um mir davon zu berichten. Ihre kleine Tochter sprach nicht mit irgendeinem Kind das Katharina hieß, nein, sie unterhielt sich die ganze Zeit tatsächlich mit ihrem Engel.

Wenn auch Ihr Kind sich mit einem Wesen unterhält, das für Sie nicht sichtbar ist, lassen Sie Ihr Kind reden, denn es könnte ebenso der Engel des Kindes sein. Kinder sind ihren Engeln noch sehr viele Jahre nach der Geburt sehr nah. Je älter wir werden um so weiter entfernen wir uns von unserem Engel. Es sei denn, Sie halten immer noch Kontakt zu Ihrem Engel.

Die Aura des Menschen ist ein elektromagnetisches Feld, das den Körper des Menschen umgibt. Ist ein Mensch krank oder böse ist auch die Aura gestört. Man kann die Aura auch als das Lichtfeld des Körpers und der Seele bezeichnen.

Zurück in ein früheres Leben durch Hypnose

In der heutigen Zeit passiert es öfters, das sich Menschen in Hypnose versetzen lassen. Sie möchten einfach wissen, ob sie bereits vorher schon einmal gelebt haben. Bei manchen Patienten wird es praktiziert, weil sie krank sind und sie eventuell durch eine Rückführung in ein früheres Leben einen Grund für ihre bestehende Krankheit finden können. Es geschieht aber auch, wenn sie sich an Dinge oder Orte erinnern, die ihnen eigentlich fremd sein müssten, aber sie kennen sie bereits. Manche Leute haben eine Vorliebe für Italien und mussten nachher feststellen, dass sie in einem anderen Leben bereits in Italien gelebt hatten. Gab es bei Ihnen nicht auch schon einmal dieses Gefühl, da war ich ja schon einmal, oder so eine Situation, die habe ich ja bereits schon einmal erlebt? **Déja vue**, schon einmal gesehen? Und die Tonbandaufnahmen, welche anschließend von der Hypnose abgespielt wurden, ließen daraus schließen, dass die Gefühle richtig waren. Die Hypnose ist keine Erkenntnis der Neuzeit, sondern existiert bereits seit einem ganzen Jahrhundert. Das Erstaunliche an der Hypnose ist, dass Menschen die man bereits in ein früheres Leben zurückgeführt hat, die gleichen Aussagen mehrmals machten oder mit der gleichen veränderten Stimme sprechen konnten. Es passierte aber auch, dass sie während der Rückführung in ein früheres Leben eine andere Sprache sprachen, derer sie im Wachzustand nicht mächtig waren. Sie erinnerten sich wieder an die gleichen Dinge, auch wenn der Hypnotiseur bei wiederholter Rückführung versuchte, sie mit Fragen zu irritieren und zu verwirren, aber sie blieben bei der gleichen Aussage, wie bei der ersten Rückführung. Was bei den Rückführungen ebenfalls interessant war und es sich deshalb nicht um Scharlatanerie handeln konnte, war die Tatsache, dass weder der Hypnotiseur noch sein Patient das unter Hypnose Erlebte und Gehörte kannten, und bei Nachforschungen tatsächlich auch bestätigt wurde. Wenn ein Patient hypnotisiert wird, führt ihn der Therapeut Stufe für Stufe seines Lebens wieder zurück, bis in den Mutterleib und darüber hinaus in ein anderes Leben. Damit versuchte man auch das Wunder der Wiedergeburt zu beweisen, an das auch viele andere Völker glauben.

Allerdings wird die Hypnose auch zur Heilung von Psychosen, Phobien oder Neurosen eingesetzt. Denn schlimme Kindheitserlebnisse können ein Leben lang Nachwirkungen haben und dies kann man durch die Hypnose herausfinden und somit schneller und besser heilen als mit Psychopharmaka. Eine Frau, die panische Angst vor Wasser hatte, wurde durch die Hypnose wieder geheilt, denn man konnte herausfinden, dass sie in einem früheren Leben ertrunken war. Interessante Ergebnisse brachten auch die Hypnosen mit blinden Menschen. Wenn man sie in ein früheres Leben zurück versetzte, konnten sie sehen und Dinge beschreiben, die sie in ihrem jetzigen Leben weder beschreiben noch jemals zuvor gesehen hatten. Sie konnten Kleidungsstücke, Menschen, Farben, Orte, Situationen usw. ganz genau beschreiben. Wenn sie nicht schon einmal gelebt hätten, woher wüssten sie diese Sachen oder Ereignisse? Sie sind ja blind.

Eine Frau aus Schweden erzählte, dass sie früher einmal in England gelebt hatte. Sie nannte ihren Namen und den Ort in dem sie lebte, sie konnte sogar das Haus beschreiben. Nach der Hypnose ist sie neugierig geworden und wollte herausfinden, ob sie sich das alles nur eingebildet hatte. Sie ging nach England in den Ort den sie aus der Hypnose kannte. Sie recherchierte und tatsächlich, ihr Name, der sehr außergewöhnlich war, existierte in der Gemeinde. Man hat die Kirchenbücher nach dem Namen, den sie angab, durchsucht. Alles kam ihr bekannt vor und als sie in die Straße kam, wo das Haus stand, in dem sie während eines früheren Lebens zuhause war, überkam sie ein Glücksgefühl und sie konnte sich wieder an vieles erinnern, was ihr vor der Hypnose nicht bekannt war.

Durch die Kraft der Selbsthypnose können auch heute noch große Heilungschancen verzeichnet werden. Man kann damit Ängste abbauen oder Krankheiten besser verstehen, überwinden oder sogar besiegen.

Woher kannte ich dieses Bild?

Von diesem Erlebnis möchte ich Ihnen unbedingt berichten. Es ist bereits ein paar Jahre her als meine Tochter mit einem großen, dicken Buch zu mir kam und sagte: „Ich möchte dir dieses Buch schenken, denn es beunruhigt mich und macht mir Angst." Ich war neugierig und blätterte das Buch durch, es enthielt sehr viele schöne, bunte Bilder. Das Buch handelte von übernatürlichen Dingen, die mich schon seit Jahren faszinieren. Als ich so durchblätterte und mir die Bilder ansah, wurde ich besonders von einem Bild in den Bann gezogen. Wie hypnotisiert starrte ich es an und sagte zu meiner Tochter: „Da war ich schon einmal, das Bild kommt mir ganz bekannt vor, ich kenne diesen Ort!" Dann las ich den Text, der zu diesem Bild gehörte und war auf einmal richtig aufgewühlt, als ich erfuhr, um was es sich dabei handelte. Selbst meiner Tochter verschlug es die Sprache. Mir aber beweist dieses Erlebnis dass auch ich eine reinkarnierte Seele bin.

Der Bericht zu dem Bild handelte von einem kleinen Mädchen das fast eine Viertelstunde lang klinisch tot war. Sie war an einer schweren Hirnhautentzündung erkrankt und ihr Zustand verschlechterte sich täglich. Ihr Vater war als Militärarzt tätig und eilte sofort nach Hause, als er einen Anruf seiner Frau erhielt, die ihm mitteilte, dass ihr kleines Mädchen im Sterben läge. Als er Zuhause ankam, konnte er nur noch den Tod des Kindes feststellen. Seine Frau nahm das verstorbene Kind auf den Arm und brachte es in das Elternschlafzimmer, um es auf das Ehebett zu legen. Der Vater versuchte, das Kind noch einmal wieder zu beleben und rief ständig seinen Namen. „Komm zu uns zurück, komm zu uns zurück", rief er immer wieder. Auf einmal öffnete das Kind wieder seine Augen und fing an zu atmen, nachdem es bereits so lange klinisch tot war. Ein paar Tage später, als der erste Schock überwunden war, fing die Mutter vorsichtig an, das Kind auszufragen. Wo warst du denn die ganze Zeit an dem Tag als es dir nicht gut ging?" Das Mädchen antwortete: „Ich war ganz weit weg bei den Sternen, ich sah einen weißen, einen blauen und einen grünen Bach." „Hast du sonst noch etwas gesehen", wollte die nun neugierig gewordene Mutter von ihrem Kind wissen. „Ja", sagte sie. „Ich habe Opa und seine Mama und eine Frau gesehen, die sah genau so aus wie du." „Haben sie auch etwas zu dir gesagt?", wollte die Mutter wissen. „Oh ja, Opa sagte, er sei froh mich zu sehen und seine Mama nahm mich auf den Schoss und küsste mich. „Was passierte dann?" „Dann hat Papa gerufen und ich sagte zu Opa, ich müsse nun wieder zu euch zurück." Opa aber meinte: „Wir müssen zuerst Gott fragen." „Habt ihr Gott gesehen?", wollte die Mutter wissen? „Ja, er fragte mich nämlich ob ich wieder zurückgehen wolle und ich sagte ja, denn Papa hat mich gerufen." „Gut", sagte Gott, „dann geh wieder." Und dann kam ich wieder von den Sternen zu euch zurück bis auf

Papas Bett. Aber woher wusste sie, das sie vor ein paar Tagen da lag? Sie war ja klinisch tot und konnte trotzdem sagen, dass sie auf Papas Bett lag, was ja tatsächlich der Fall war, denn als sie zu sich kam, war sie noch nicht in der Lage zu erkennen, wo sie sich befand. Die Mutter fragte sie mehrmals: „Wie sah Gott denn aus?" „Blau", kam da jedes Mal als Antwort.

Als sie einen Onkel besuchten, ging die Kleine durchs Haus und kam dann ganz aufgeregt mit einem Foto zurück und sagte zu ihrer Mutter: „Schau, da ist die Frau die mich damals auf den Arm nahm und mir einen Kuss gab, es ist Opas Mutter, ich habe sie bei den Sternen gesehen." Es war tatsächlich so, aber das Mädchen hatte diese Frau vorher noch nie gesehen und es gab nur das eine Foto von ihr und das war im Hause ihres Onkels und dieses Foto kannte das Kind nicht.

Das Mädchen wurde später Malerin und hat die Eindrücke gemalt, die sie damals bei den Sternen gesehen hatte. Die Nahtoderfahrung des Mädchens und die Bilder, die sie in späteren Jahren zeichnete, hat man in England bei einem Fernsehsender vorgestellt und von ihrem damaligen Erlebnis berichtet. Eine Frau rief daraufhin an, sie möchte dieses Mädchen einmal kennenlernen, denn genau diese Landschaft, welche die inzwischen junge Frau gemalt hat, hatte auch sie gesehen, als sie klinisch tot war. Genau wie diese Frau waren beide glücklich bei den Sternen, wie das Mädchen es als Kind nannte, und sie sei nur zurückgekommen, weil der Vater nach ihr gerufen habe.

Ich war nicht klinisch tot und kenne diese Landschaft ebenfalls, wie ist das möglich? Meine Lieblingsfarbe ist blau, meine Wohnungseinrichtung, Kamin, Couchgarnitur, Teppiche, fast alles hat die Farbe blau, alle sagen ich hätte einen Blautick. Selbst meine Bilder an den Wänden haben Ähnlichkeit mit dem Gemälde von den Sternen (dem Jenseits). Wie kann man das erklären? Ich war auf der Suche nach einem neuen Bild für meine anfangs noch kahlen Wohnzimmerwände. Als ich dann nach Hause kam, musste ich feststellen, dass ich genau das gleiche Bild wieder gekauft hatte. Im Unterbewusstsein bin ich immer auf der Suche nach dem gleichen Motiv, nämlich dem Foto aus dem Jenseits.

Wie verkraftet ein Kind den Tod eines geliebten Menschen?

Noch ein Thema, das mir sehr am Herzen liegt ist die Frage, wie soll man handeln, wenn ein Mensch stirbt und das Kind noch sehr klein ist? Soll das Kind den Verstorbenen noch ein letztes Mal sehen? Aus meiner eigenen Sicht würde ich sagen, jeder Mensch ist anders im Denken und Handeln aber für ein Kind ist es Horror. Ich kenne noch heute meine Gefühle von damals. Sie haben bei mir Ängste und Schlaflosigkeit ausgelöst. Später kamen Horrorträume dazu und das sollte man jedem Kind ersparen und nicht durch Unwissenheit dahingehend provozieren.

Wenn man glaubt, Kinder verstehen nicht oder vergessen schnell, das ist nicht wahr. Die Psyche der kleinen Seele nimmt alles auf, wenn es auch erst sehr viel später ausbricht. Die vielen Verstorbenen, die ich als Kind aufgebahrt sehen musste, haben mich zu einem sehr ängstlichen Kind werden lassen. Am schlimmsten waren die Verlustängste die auf einmal in mir hoch kamen. Wenn meine Eltern am Abend ausgingen und ein Babysitter auf mich aufpasste, habe ich ständig geweint, sobald meine Eltern aus meinem Blickfeld verschwunden waren. Es war für mich mit dem Tod gleichzusetzen. Meine Besuche im Kindergarten waren die Hölle für mich, eine Trennung von meinen Eltern war immer schmerzhaft, denn ich hatte Angst, es könnte etwas passieren und ich wäre nicht dabei. Meine Mutter musste nur sagen, sie sei krank, da habe ich sofort daran denken müssen, dass die anderen, die krank waren, verstorben seien und meine Mutter jetzt auch bald sterben müsse. Meinen ersten Schultag und die Wochen nach meiner Einschulung verbrachte ich mit meiner Patentante im Klassenzimmer. Es war der Lehrerin nicht möglich, sie in den ersten Tagen nach Hause zu schicken, denn ich schrie, als hätte man mich dem Henker überlassen und wollte sofort weglaufen. Vielleicht spürte ich aber auch, dass diese Lehrerin keine gute Aura hatte, denn wie sich später herausstellte hat sie uns im Unterricht ständig geschlagen. Und Sie müssen einmal aufpassen und werden dann sicher feststellen, dass Tiere und kleine Kinder ganz schnell herausfinden ob ein Mensch gut oder böse ist.

Ich kann mich noch heute daran erinnern, dass ich immer zu meinem Engel gebetet habe meine Mama und meinen Papa zu beschützen und ich weiß noch, dass ich meinen Engel nie um meinen persönlichen Schutz gebeten habe, sondern nur für meine Familie und in dem kleinen kurzen Gebet habe ich auch immer dafür gebetet, das meine Mama und mein Papa nicht vor mir sterben dürfen, da ich dann ganz alleine auf dieser Welt sei. Dies war damals meine größte Angst, meine Eltern würden sterben, genau wie die Menschen die ich immer gesehen hatte wenn sie aufgebahrt waren und die man zu Grabe trug und dann unter die kalte Erde legte. Bitte ersparen Sie ihren Kindern dieses Schicksal! Wenn sie klein sind, sollen sie die Verstorbenen lebend in Erinnerung behalten, nicht auf dem Sterbebett oder im Sarg.

Man soll Kinder aufklären aber auf eine kindliche Art und Weise, nicht mit der Holzhammermethode.

Hierzu kann ich Ihnen von einem anderen Fall berichten und zwar handelt es von einer meiner Bekannten. Sie nahm ihren kleinen 5jährigen Sohn mit auf die Beerdigung seiner Oma und er durfte sich noch ein letztes Mal von seiner geliebten Großmutter verabschieden. Es löste bei ihm einen richtigen Schock aus, er konnte ihren Tod nicht akzeptieren und wollte danach mit alten Menschen nichts mehr zu tun haben. Er gab ihnen noch nicht einmal mehr die Hand. Ich führte ein Gespräch mit ihm und er sagte mir, dass alte Menschen ihn an seine Oma erinnern, die sterben musste. Dies zu sehen hat bei ihm einen Schock ausgelöst. Es ist bereits schon schwer genug für Erwachsene mit so einem Schicksalsschlag fertig zu werden, stellen Sie sich vor, wie viel schwieriger es für ein kleines Kind sein muss.

Die Mutter des kleinen Jungen möchte ihn nun immer wieder zwingen alten Menschen trotz seiner Angst die Hand zu geben. Aber ich bin mir sicher, das wird noch eine Zeitlang und viel Verständnis und Liebe brauchen, bis er wieder so weit ist. Man sollte ihn zu nichts zwingen, denn es könnte dann zu einer Phobie ausarten.

Das zerbrochene Glas am Kamin

Ich war gerade umgezogen, als sich Ute Müller telefonisch bei mir meldete. Mir war nicht klar woher sie meine Adresse hatte, denn jahrelang hatte ich nichts mehr von ihr gehört. Sie teilte mir mit, sie sei angeblich rein zufällig in dem Ort in dem ich wohnte und sie möchte nur auf einen Kaffee mit ihrem Mann bei mir vorbeikommen. Ich willigte ein, obwohl ihr Anruf mich ein wenig irritierte und im Unterbewusstsein fragte ich mich, was will sie eigentlich von mir? So wie ich Ute kannte, hatte sie noch einen Joker im Ärmel oder einen Wunsch. Wie verabredet klingelte sie um 16 Uhr an der Tür, ich machte auf und bat sie und ihren Mann herein zu kommen. Mein Vater war zu diesem Zeitpunkt bereits 11 Jahre tot und Ute hatte ja kurze Zeit später wieder geheiratet. Es war ein ganz netter Nachmittag und ich lud sie noch zum Abendessen ein. Sie schwärmte ihrem Mann von meinen guten Omeletts vor und beide wünschten sich, dass ich ihnen dies zum Abendessen machen solle. Ich hatte den Schmerz, den sie meinem Bruder und mir zugefügt hatte, vergessen und es war auch ein ganz netter Abend. Wir sprachen den ganzen Abend über meinen Vater und es tat mir eigentlich ganz gut, das ich mit jemanden reden konnte, der ihn kannte und sie lobte ihn außerdem in hohen Tönen. Kein böses Wort kam über ihre Lippen, obwohl sie in Begleitung ihres zweiten Mannes war. Ich dachte noch, bin ich froh, dass der Abend ohne Zwischenfall verlaufen ist, denn sie sagte, dass sie bald aufbrechen müssten, denn es sei schon spät und sie hätten im Ort ein Zimmer gebucht. Kurz bevor sie ging, sagte sie noch zu mir: „Ich habe für morgen einen Termin beim Notar im Ort gemacht, hast du Zeit?" Ich fragte sie: „Warum muss ich mit dir zum Notar?" „Du weißt doch, dass du und dein Bruder von deinem Vater als einzige Erben eingesetzt waren und auf dem Erbschein steht euer beider Namen. Das heißt, ich werde in Spanien nicht als Eigentümerin des Hauses anerkannt, denn ich wollte es bereits verkaufen, aber sie erlaubten es nicht, weil ich keinen Erbschein hatte. Ihr müsst es mir in Deutschland übertragen, damit ich die Eigentümerin des Hauses werde und es dann in Spanien verkaufen kann." Ich sagte den beiden, dass ich mich am nächsten Tag mit ihnen vor der Kanzlei des Notars, der mir bekannt war, treffen würde. Beide schienen sehr erleichtert. Ich erinnere mich noch an den Tag, als wäre es heute gewesen und möchte Ihnen nun erzählen, was von da an ganz genau passiert ist, als die Türe hinter den beiden zuging.

Ich ging zurück ins Wohnzimmer und lehnte mich an den Kamin, dieser war gerade ein Jahr alt und seit Monaten hatte kein Feuer mehr in dem Kamin gebrannt. Als ich mich an den Kamin lehnte und dachte: „Wenn das mein armer Vater wüsste, wie diese Frau seine Kinder betrogen hat und immer mehr und mehr will, er würde sich im Grabe umdrehen." In diesem Moment als ich diese Sätze zu Ende gedacht hatte, hörte ich einen riesigen Knall, ich dachte mir bleibt das Herz vor Schreck stehen. Ich schaute auf die Uhr und es war genau 22:55 Uhr, die Zeit als meine Uhr früher immer stehen blieb und ich vermutete, dass es mein Vater war. Aber was ist nur passiert, woher kam dieser Knall? Ich schaute an dem Kamin, vor dem ich stand, herunter, als ich plötzlich feststellte, dass die doppelte Glasscheibe des Kamins zerbrochen war. Was wollte mir mein Vater damit sagen? Wollte er nicht, dass ich diesen Termin wahrnahm, wollte er sagen, sie hat euch doch bereits alles weggenommen, sie und ihr Mann, was willst du denn noch alles verschenken?

Ich rief meinen Bruder an und erzählte ihm von dem Erlebnis und er sagte zu mir: „Wie konntest du nur so dumm sein und dich so über den Tisch ziehen lassen von den beiden, wenn nämlich alles mit rechten Dingen zuginge, hätten sie das Haus ja schon lange verkauft, denn sie bewohnen es ja schon seit dem Tod unseres Vaters." Nach dem Telefonat mit meinem Bruder rief ich die beiden im Hotel an und sagte, dass ich den Termin morgen nicht wahrnehmen kann, denn meine Mutter und mein Bruder sind dagegen. Ich erzählte ihr aber nichts von dem Erlebnis das ich hatte, als sie das Haus verließen. Sie sagte: „Das besprechen wir jetzt nicht am Telefon, ich komme morgen Mittag wieder bei dir vorbei und du gehst mit!" Sie kam tatsächlich und drohte mir, sofort zum Anwalt zu gehen, wenn ich jetzt nicht sofort mit zum Notar käme. Ich sagte: „Ich werde meiner Familie nicht in den Rücken fallen, denn es gehe dabei ja auch um meinen Bruder. Er ist der Meinung, sie könne für immer in Frieden in dem Haus leben wie bisher, aber er möchte nicht, dass sein Elternhaus verkauft wird." „Das wirst du noch bitter bereuen!", schrie sie. „Denn ich werde einen hohen Streitwert ansetzen und du und dein Bruder ihr müsst zahlen, bis ihr schwarz werdet.", sagte sie zu mir. Ihr Mann schimpfte auch noch vor sich hin und dann verließen sie schimpfend mein Haus.

Am nächsten Tag rief ich die Firma an, die den Kamin eingebaut hatte. Als ein Mitarbeiter vorbei kam um sich den Schaden anzusehen, konnte er es kaum fassen. So etwas habe ich noch nie erlebt, sagte er zu mir, denn bei der zersprungenen Scheibe handelte es sich um ein doppeltes Sicherheitsglas und außerdem war der Kamin ja auch nicht in Gebrauch, so dass man hätte sagen können, das Glas war überhitzt. Er verließ kopfschüttelnd das Haus und sagte noch mal: „So etwas habe ich noch nie gesehen, seit ich Ofenbauer bin, das geht auf Garantie."

Es dauerte keine 6 Wochen, dann kam auch bereits der erste Brief von Utes Anwalt, sie hatte Wort gehalten. Ich fuhr zu meinem Bruder und meiner Mutter und ich wollte es nicht zu einem Prozess kommen lassen. Ich sagte zu meiner Mutter und meinem Bruder: „Sie wird gewinnen, denn ihr Bruder ist Richter beim dortigen

Amtsgericht, wir haben keine Chance. Außerdem ist ein Prozess in dieser Größenordnung viel zu teuer." Aber ich stand alleine gegen zwei und musste mich beugen. Ich kann mich noch erinnern wie wütend mein Bruder und meine Mutter waren, als ich ihnen ständig widersprach aber an diesem Abend als ich so weinte, hatte ich ein wunderschönes Erlebnis mit einem Engel. Es muss ein Friedensengel gewesen sein. Ich erinnere mich noch genau, wie ich mich in den Schlaf weinte, denn es tat mir sehr weh, als meine Mutter mir vorwarf, ich würde ihnen in den Rücken fallen und mich mit dieser Person, die uns so viel Schlimmes angetan hat, auch noch solidarisch zeigen. Im Grunde genommen wollte ich keinen Streit, nur meine Ruhe und Friede, denn Geld ist nichts wert, wenn man darum streiten muss.

Ich schlief sehr schlecht in dieser Nacht, aber ich musste schon ein paar Stunden geschlafen haben, als ich auf einmal das Gefühl hatte, ich werde von jemandem beobachtet. Ich öffnete die Augen und eine riesengroße helle Gestalt saß neben mir auf dem Bettrand. Ich hörte das Rauschen und Knistern des rosa Tüllgewandes und eine unheimliche Ruhe und Geborgenheit kam über mich, obwohl ich mich so einer großen Gestalt gegenüber sah, hatte ich keinerlei Angst. Plötzlich drehte sich der Engel um und entschwand durch die Glasscheibe. Als er durch die geschlossene Scheibe verschwand, war auf einmal nur noch ein Nebelschleier sichtbar, den er hinter sich herzog. Meine Mutter lebte damals in einem Hochhaus in der 8. Etage. Diese Engelsgestalt unterschied sich von der anderen Engelsgestalt, die ich Jahre später sah, um vieles. Der andere Engel leuchtete viel intensiver, wie Gold, alles war Licht, Friede und Liebe und ganz hell, er war etwas ganz Besonderes und weitaus kleiner und er hatte ein ganz freundliches, liebes ja fast kindliches Gesicht.

Der Engel der mir bei meiner Mutter erschienen ist, trug ein wunderschönes rosa Gewand und war so groß wie der Raum. Der Engel mit dem rosa Gewand löste sich nach ein paar Minuten wie eine Nebelgestalt ins Nichts auf aber der Engel der mir Jahre später erschien, ich nenne ihn den „Engel des Lichts" war nach einigen Minuten wieder so verschwunden wie er kam ohne dass ich diesen Nebel sah. Ich kann mich wirklich sehr glücklich schätzen, dass ich dies erleben durfte, besonders der Engel des Lichts hat mich so fasziniert und mein Herz berührt. Es zeigt sich bei mir, dass mein Engel zu mir kommt, wenn ich ganz, ganz traurig bin. Dieses Buch soll deshalb ein Dankeschön an meinen Engel sein und an alle Verstorbenen, die ich liebe.

Mein Bruder besorgte ebenfalls einen Anwalt und nun ging die Streiterei los. Der Anwalt wollte das Ganze so aufbauen, dass mein Vater nicht gesund war, als er von Ute geheiratet wurde, denn er stand zu dieser Zeit noch unter ihrer Pflegschaft. Und das war auf keinen Fall zulässig. Was mich dann erschütterte war der Arztbericht, der als Kopie von unserem Anwalt angefordert wurde. Es stand in dem Bericht, dass mein Vater obduziert werden sollte, da er an einer ungeklärten Todesursache verstorben sei. Leider hätte seine Familie die Obduktion verweigert. Aber seine Familie wurde ja gar nicht gefragt, sondern Ute hatte die Obduktion verweigert, wir wussten nichts davon. Allerdings musste ich jetzt wieder an die Worte meines Vaters denken die er zu Lebzeiten meiner Tochter, meinem Bruder und zu mir sagte. Aber wir waren uns ja alle nicht sicher, ob wir ihm glauben sollten. Aber beim Gläserrücken gab mir mein Vater die Antwort. Aber damals glaubte ich die Sache nicht so recht, obwohl ich doch sehr erschüttert war. Es war doch eine andere Welt, die sich uns damals aufgetan hat und wir waren auf diesem Gebiet sehr unerfahren.

Ich schrieb damals im Einvernehmen meiner Familie und der Geschwister meines Vaters an den zuständigen Richter mit der Kopie des Arztberichtes und teilte ihm mit, dass wir alle überrascht seien, weshalb die Obduktion verweigert wurde, nachdem bekannt war, dass mein Vater immer um sein Leben fürchtete. Was dann passierte war ein Schlag ins Gesicht für die Gerechtigkeit. Der zuständige Richter schickte meinen Brief an Utes Anwalt (ich nehme an, er gab den Brief an ihren Bruder weiter) und dieser stellte Strafanzeige gegen mich wegen Verleumdung. Die Polizei kam zu mir ins Haus, ich wurde verhört und der Kommentar der Polizei war: „Das ist ja unglaublich was sich da abgespielt hat, wir werden es so weitergeben, da stimmt wirklich etwas nicht." Meine Tochter wurde auch noch von ihnen verhört und konnte ebenfalls bestätigen, was mein Vater uns damals über Ute erzählte.

Der Fall wurde dann eingestellt aber ich musste 100 Euro an eine Institution für Kinder in Not zahlen, dann war der Fall für die Justiz beendet. Der Rechtsstreit zwischen Ute und uns dauerte 8 Jahre und wurde immer teurer. Am Ende haben wir 45 000 EURO verloren und es hat uns gar nichts eingebracht, wie ich es schon vor Jahren vorausgesagt hatte. Unser Anwalt bat das Gericht Zeugen in der Angelegenheit zu vernehmen aber niemand wurde jemals bei Gericht vorgeladen. Das Ganze wurde nur hinter den Kulissen entschieden. Weder mein Bruder noch ich, noch unsere Familie, Geschwister meines Vaters usw. durften jemals vor Gericht aussagen. Das wurde vermieden, und war für uns alle unvorstellbar, wo man heute für jede Kleinigkeit Zeugen zur gerichtlichen Aussage bestellt.

Es ging durch drei Instanzen und am Ende hat Ute doch gewonnen. Man sah sie als die Ehefrau und Haupterbin an, ganz egal wie das Testament lautete und was vorgefallen war. Aber ich bin nicht zornig oder unglücklich, diese Frau ist eigentlich zu bedauern, denn sie ist eine sehr einsame Frau trotz des ganzen Geldes. Und jeder tritt einmal vor das Gericht Gottes und das ist gerecht, denn dort heißt es nicht mehr im Namen des Volkes. Jeder muss sich einmal für das, was er auf dieser Erde getan hat, verantworten und sie hat sehr viel Unglück über unsere Familie gebracht.

Ute hat das Haus vor ein paar Monaten verkauft, denn in Spanien musste man das Haus umschreiben, da das Land sich seit dem EU-Beitritt an deutsche Gesetze halten musste. Als ich an dem Tag, als sie das Haus in Spanien verkaufte ein Zwiegespräch mit meinem Vater führte und ihn fragte, ob er nun traurig sei, da sie ja nun sein Haus verkauft hatte, ging drei Mal das Licht an und aus, da wusste ich, dass es auch ihm nicht gefallen hat, was da passiert ist. Ute ist nun 74 Jahre alt, wieder Witwe und hat niemanden, dem sie das ganze Geld einmal vererben kann, für das unser Vater so hart gearbeitet hatte. Ich hoffe und bete, dass ich niemals in meinem Leben so gierig werde. Ich hege keine Groll gegen Ute aber ich weiß, dass was sie getan hat, nicht im Sinne unseres Vaters war und das tut mir sehr weh.

Unser Glück finden wir nicht auf der Erde sondern im Himmel. Das Haus Gottes hat viele Wohnungen hat Christus einmal gesagt und meine Seele möchte auch einmal in eine dieser Wohnungen einziehen. Ich nehme an, dass die Wohnungen die verschiedenen Ebenen sind, auf denen wir uns einmal wiedersehen werden. Hoffentlich gelingt es uns einmal, einen schönen Platz in Gottes Wohnungen zu erhalten. Aber wir müssen bereits heute damit anfangen, andere zu lieben und zu verzeihen. Ich hätte auch nie über Ute geschrieben, denn ich habe ihr verziehen, aber ich hätte viele Sachen nicht in diesem Buch glaubhaft darstellen können, wenn ich Ihnen nicht die ganze Wahrheit erzählt hätte.

Was kann das bedeuten?

Ich möchte jetzt über Erscheinungen schreiben, die mir passiert sind und noch immer passieren, die ich aber nicht deuten kann. Es würde mich sehr freuen, wenn einige Leser, die dieses Buch in Händen haben und dies lesen, mir vielleicht dabei helfen könnten aufzuklären, um was für ein Phänomen es sich dabei handelt. Vielleicht ist Ihnen auch schon so etwas ähnliches passiert. Aber ich kann es nicht zuordnen. Sie dürfen auch nicht glauben, ich sei eine etwas wunderliche und weltfremde Person, im Gegenteil, bei mir muss sehr viel Überzeugungsarbeit geleistet werden, bevor ich etwas glaube. Ich bin da nicht viel anders wie die meisten Menschen. Und ich bin kein Mensch der gerne fantasiert oder sich Geschichten ausdenkt. Ich möchte ganz einfach herausfinden, was dies zu bedeuten hat, eben weil ich es mir nicht erklären kann.

Wenn jemand auf Astralreise geht und durch mein Schlafzimmer läuft, was mir schon passiert ist, dann kann ich das verstehen, denn ich kann es sehen, nicht fühlen, aber es gibt eine logische Erklärung dafür. Aber wie erklärt man eine leuchtende Kugel im Schlafzimmer? Ich empfinde keine Angst, es ist für mich mittlerweile normal. In diesem Moment spreche ich immer ein Gebet zu Gott. Es kann ja nur etwas aus der anderen geistigen Welt sein, denn wir könnten so etwas nicht erschaffen. Es handelt sich auch um keinen Traum, ich bin immer hellwach. Aber wer oder was möchte mir damit etwas sagen oder mitteilen? Was sind das für Erscheinungen?

Wenn mir etwas in der Gestalt eines Engels erscheint, kann ich sagen, mir ist ein Engel erschienen. Aber was ist es, wenn mir eine leuchtende oder bunte Kugel erscheint? Dies kann ich nicht unter dem Begriff Engel einstufen, weil es kein Engel ist. Am Anfang war mir das Erlebte so peinlich, dass ich mit niemandem darüber reden wollte. Ich tat es auch selber ab und dachte: „Na ja, vielleicht hatte ich einen Wachtraum." Aber seit Jahren passiert es regelmäßig. Ich gehe zu Bett, schlafe fest ein, dann habe ich das Gefühl, dass sich etwas mit mir im gleichen Raum aufhält und mich anschaut. Wenn ich dann die Augen öffne, ist tatsächlich etwas im Raum. Es ist eine große Kugel in den Farben dunkel-lila, hell-lila, rosé und wunderschön anzusehen. Die Farben gehen ineinander über. Manchmal ist es aber auch eine ganz helle, glänzende Kugel, einmal in Gold, dann in Silber.

Als ich ein Medium besuchte, fragte ich, was dies zu bedeuten hätte. Sie erklärte mir, dass es für den Jenseitigen oder Schutzgeist viel einfacher sei, sich in Form einer Kugel zu zeigen, als sich in seiner menschlichen Hülle zu verdeutlichen, deshalb das Erscheinen als Kugel. Aber es sei keine Einbildung von mir oder gar ein Hirngespinst.

Wo können uns Engel begegnen?

Engel sind überall, sie befinden sich hauptsächlich dort, wo sie gebraucht werden. Das ist auf unserer Erde oder auf den unteren Ebenen des Jenseits, wo auch die Seelen der Verstorbenen noch Hilfe von den Engeln benötigen, damit sie sich weiter entwickeln können. **Jeder Engel empfindet eine große Liebe für seinen Schützling. Er würde uns niemals im Stich lassen, wenn wir ihn um etwas bitten und ihn rufen**. Sie sind sehr gütige Wesen, die nur das Beste für uns wollen. Im Gegenteil, sie sind glücklich, wenn wir sie rufen und spüren, dass wir sie brauchen. Das Wort „Engel-Angelos" bedeutet Bote. Engel sind auch in der Bibel immer als Boten Gottes eingesetzt worden. Sie haben die Aufgabe zu erfüllen Gott zu loben und zu dienen, Strafen zu vollstrecken, Gottes Entscheidungen zu überbringen, in Gefahr und Not zu helfen und gegen den Satan und das Böse zu kämpfen. **Aber wir dürfen nie vergessen, Engel handeln nur im Auftrag Gottes!**

Als ich klein war wurde mir schon von meiner Mutter beigebracht, dass mich ein kleiner Engel mit langem goldenen Haar, weißen Flügeln und einem weißen Kleidchen ein Leben lang beschützen werde. Bereits als Kind haben mich diese guten Wesen fasziniert. Sie sollen auch immer an Weihnachten meine Geschenke gebracht haben. Ich erinnere mich noch an ein Weihnachtsfest, als meine Mutter sagte: „Zwei Engel sind gerade aus dem Wohnzimmerfenster geflogen und haben dir wunderschöne Ohrringe gebracht, sie liegen hier auf dem Tisch, ich habe sie gesehen." Ich war begeistert und doch traurig, weil ich die schönen, lieben, Engel, die mir so ein schönes Geschenk machten, nicht selbst sehen konnte um mich zu bedanken. Engel waren für mich als Kind schon immer etwas ganz Besonderes.

Dann brachte mir meine Mutter noch das Gebet von den sieben Engeln bei, das ich jeden Abend betete. Ich bin mit dem Glauben an Engel erzogen und groß geworden, sie spielten in meinem Leben immer eine große Rolle. Vielleicht liebe ich sie deshalb auch so sehr und möchte ihnen mit diesem Buch eine Freude machen, denn sie waren immer für mich da und haben mich nie enttäuscht. Engel sind eine wunderbare Schöpfung Gottes. Oft bitte ich meinen Engel, wenn Menschen besonders böse sind, oder mich ungerecht behandelt und beleidigt haben, mit deren Engel zu reden. Er soll ihn bitten sie zu besseren Menschen zu machen und ihnen Kraft zu geben, ihr Leben besser zu meistern. Ganz oft wurde ich überrascht, wie gut es geholfen hat, oftmals ist tatsächlich eine Veränderung in diesen Menschen vor sich gegangen. Sie riefen an, haben sich entschuldigt oder waren nicht mehr so schlecht gelaunt wie zuvor. So kann auch die Macht der Gebete anderen Menschen helfen ein besserer Mensch zu werden. Denn in der heutigen Welt wird doch nur noch Gewalt mit Gewalt beantwortet. Würde man auf die Macht der Gebete vertrauen, wäre unsere Welt viel besser.

Kein Kapitel, dass ich in diesem Buch schreibe, beginne ich ohne ein Gebet. Ich bitte um die Kraft und Hilfe Gottes und der Engel das zu schreiben, was sie von mir erwarten und was richtig ist. Engel können auch bei diesem Buch meine Helfer sein und mir die Gedanken übermitteln, die sie gerne auf Papier gebracht sehen wollen. Viele Ideen und Gedanken stehen in Büchern, weil Gott und seine Engel es so wollten. Ich bitte sie immer, dass alles genau nach ihrem Wunsch aufgeschrieben wird. Was erstaunlich ist, ich schreibe ohne nachzudenken, als würde ich es nicht selbst denken, also nur im Auftrag schreiben, als bekäme ich das Meiste von einer ganz anderen Seite übermittelt. Bisher saß ich noch kein einziges Mal vor dem Computer und musste großartig nachdenken, worüber und wie ich schreiben soll.

Mozart soll einmal gesagt haben, dass seine Musik wie Sinfonien, Klavierkonzerte nicht durch ihn, sondern durch eine himmlische Kraft entstanden seien. Als der Komponist Joseph Haydn zum ersten Mal sein Werk „die Schöpfung" hörte, weinte er und sagte: „Das habe ich nicht gemacht!" Gott bedient sich der Menschen um seine Ideen und Gedanken an andere weiterzugeben. Wir sind seine Schöpfung und seine Werkzeuge. Es gibt noch viel zwischen Himmel und Erde was wir nicht verstehen und erst nach unserem Ableben, also im Jenseits verstehen werden. Wir dürfen uns glücklich schätzen, ein Teil der Schöpfung Gottes zu sein.

Engel müssen nicht mit langen blonden Locken und langem Gewand auftreten, sie können aussehen wie Sie und ich, auch in Jeans herumlaufen und kurzgeschnittene Haare tragen. Engel können sowohl männlichen als auch weiblichen Geschlechts sein. Ihre Hautfarbe kann schwarz, gelb, rot oder weiß sein. Bei ihnen gibt es keine Rassenprobleme wie bei uns Menschen. Sie beschützen alle Hautfarben und treten meistens in Notsituationen auf, um uns zu beschützen und zu helfen oder sie schenken uns ihre Gedanken. In der Bibel heißt es, auch wir werden erleuchtet. In allen großen Religionen und auf der ganzen Welt existieren Engel, sie sind in jeder der großen Weltreligionen als Helfer, Beschützer und Vermittler präsent.

Selbst Astronauten haben Engel im Orbit gesehen. Drei russische Raumfahrer berichteten während ihres Aufenthaltes im All, dass ihnen Engeln begegnet seien. Es geschah, als sie mit der Raumstation Saljut 7 im All waren um medizinische Experimente durchzuführen.

Plötzlich wurde ihr Raumschiff von einem grellen, orangefarbenen Licht umhüllt. Als sie sich an diese übernatürliche Helligkeit gewöhnt hatten, sahen sie sieben riesige Engel mit Flügeln. Der Kopf der Engel war von einem sehr großen nebelartigen Heiligenschein umgeben, ihre Gesichter lächelten sie an. Sie waren riesengroß und ihre Flügel hatten die Spannweite eines Flugzeuges, sie sahen alle gleich aus. Die Raumfahrer sagten, sie seien überwältigt gewesen! Die Engel sind der Kapsel mindestens noch zehn Minuten gefolgt. Einige Wochen später passierte das gleiche wieder, diesmal waren sechs Raumfahrer an Bord. Der Rapport über die Begegnung mit den Engeln wurde von allen Raumfahrern in ihrem Bericht über die Vorkommnisse im Weltall unterschrieben. Also erwachsene, intelligente, studierte Männer bestätigen, (die sicher nicht leichtgläubig und schnell aus der Ruhe zu bringen sind), Engeln begegnet zu sein. Warum werden wir von Menschen ausgelacht, wenn wir sagen: „ich habe einen Engel gesehen?" Sicher weil es keine alltägliche Begegnung ist. Aber was muss man tun, um einen Engel zu sehen? Ich bin sicher, wenn Sie an ihn glauben, mit ihm reden, wie mit einem Freund und das täglich, wird er auch zu Ihnen kommen. Wenn nicht am Tag, dann wird er in der Nacht neben Ihnen sitzen und Sie anschauen, genau wie es mir bereits passiert ist. **In Notsituationen wird Ihr Engel immer bei Ihnen sein und Sie beschützen.**

Engel lieben Musik, dies erwies sich bei einem Auftritt einer Sängerin in den USA. Als diese das Ave Maria sang (eines meiner Lieblingslieder), wurde ihre Aura für einige Menschen im Publikum sichtbar. Diese dehnte sich während des Liedes weit aus, von ihren Augen bis zum Herzen leuchtete sie in einem herrlichen Blau, Grün und Gold. Ein wunderschöner Engel stand zwei Meter hinter ihr.

Bei einem Treffen der Vereinten Nationen in New York kam es nach einer Ansprache des damaligen Staatschefs Michail Gorbatschow wegen der von ihm geforderten Abrüstung zu einer hitzigen Debatte unter einigen Delegierten. Einige haben während seiner Rede ein geheimnisvolles Leuchten um seinen Kopf sehen können. Eine Vertreterin aus Indien und ein Delegierter aus Burma haben sogar farbige Lichtgestalten während der ganzen Rede von Michail Gorbatschow wahrgenommen. Wie uns allen bekannt ist, war er auch für Deutschland ein Mann des Friedens und der Befreiung. Alle Menschen, die für Frieden und Freiheit auf dieser Welt sind, werden dieses Leuchten nach innen und auch nach außen tragen.

Warnung und Schutz durch Engel und Verstorbene

Jeder der mich kennt weiß, dass ich seit vielen Jahren fast nur noch mit dem Fahrrad unterwegs bin, ob zur Arbeit oder in meiner Freizeit. Wenn ich in ein Auto einsteigen muss, werde ich jedes Mal von Ängsten geplagt. Und ich spreche immer ein kleines Gebet das ich vor Antritt einer Fahrt mit dem Auto meinem Schutzengel widme. Ich bitte ihn immer, seine Flügel über uns auszubreiten, damit wir wieder sicher dort ankommen, wo wir hin möchten. Diese Angst hat sich in der letzten Zeit zwar ein wenig gebessert aber ich selbst würde nie mehr ein Fahrzeug fahren, weil die Sehkraft meiner Augen sehr schlecht geworden ist, seit ich beim Skifahren gestürzt bin.

Vor einigen Jahren lebte ich in Südafrika und war mit Freunden auf dem Weg zurück nach Hause. Wir wollten nachts fahren, weil wir der Meinung waren, dass dann weniger Fahrzeuge unterwegs seien. Wir waren zu dritt und hatten uns gerade nach einem netten Abend von unseren Freunden verabschiedet. Wir überlegten, ob wir vor der Fahrt noch tanken sollten. Denn nachts gab es damals in Südafrika kaum geöffnete Tankstellen und wir entschlossen uns zu tanken. Wir fuhren auf einer Schnellstraße und nicht gerade langsam, da es eine breite, gut ausgebaute Straße war und nachts waren nur wenig Menschen mit dem Auto unterwegs. Plötzlich kam uns auf unserer Straßenseite ein PKW entgegen und prallte frontal in unser Fahrzeug. Eine Zeitlang waren wir handlungsunfähig, wie gelähmt, dann schrie jemand: „Nichts wie raus aus dem Auto!" Aber keine der Türen öffnete sich, das Auto war ein Zweitürer und durch den Aufprall war alles verzogen. Nun konnten wir sehen, wie das Auto anfing zu brennen. In mir war eine unbeschreibliche Ruhe wie ich es bis dahin noch nie erlebt hatte. Aber wir konnten das Auto nicht verlassen, wir waren darin gefangen, denn trotz aller Bemühungen konnten wir die Türen nicht öffnen. Ich hatte mich zu Beginn der Fahrt auf den Rücksitz gelegt und bin bei dem Aufprall auf die Erde gefallen und fühlte mich sehr gut, ich trug keinerlei Verletzungen davon. Was man von dem Fahrer und dem Beifahrer nicht behaupten konnte. Sie waren mit dem Kopf gegen die Scheibe geprallt und ihre Gesichter waren blutüberströmt. Ich hatte eigentlich schon den Tod vor Augen und mit dem Leben abgeschlossen, als das Auto plötzlich in Flammen stand, aber auf einmal geschah das Unfassbare oder man kann auch Wunder sagen, denn wie aus dem Nichts kam ein Mann mit einem Feuerlöscher und fing an, unser Auto zu löschen. Und was das Seltsame an der Sache war, er öffnete die Tür des Wagens ohne jeden Widerstand, obwohl das vorher nicht möglich war. Wir wollten uns bedanken, aber es war niemand mehr da, dem wir danken konnten. Die Person, die uns geholfen hatte, war verschwunden. Links und rechts der Schnellstraße standen keine Häuser und es war kein anderes Fahrzeug in der Nähe.

Da der Unfall in einer Kurve passiert war, wollten wir andere Verkehrsteilnehmer warnen und stellten uns auf beide Seiten der Straße um die entgegen kommenden Fahrzeuge zu stoppen. Scheinbar dachten diese, wir wollten per Anhalter fahren, lachten uns nur aus und prallten schließlich in die beiden Unfallautos. Letztendlich waren in den Unfall vier Fahrzeuge verwickelt. Hätte nicht jemand das Feuer gelöscht, wären wir sicherlich alle verbrannt, spätestens nachdem die anderen Fahrzeuge mit überhöhter Geschwindigkeit auch noch aufgefahren waren. Noch heute frage ich mich, wer war dieser Mann und wohin ging dieser Mann? War es ein Engel, der auf uns aufpasste oder war es nur ein guter Mensch, der helfen wollte ohne erkannt zu werden? Aber woher kam er? Trotzdem grenzte diese Rettung an ein kleines Wunder. Der Unfallverursacher war so betrunken, er wusste gar nicht mehr, auf welcher Straßenseite er fahren musste. Das Einzige was er noch lallen konnte war: „My poor Car (mein armes Auto)."

Jetzt etwas, was nicht meine Person betrifft aber auch an ein kleines Wunder grenzt. Anna, Kerstin und Barbara hatten gerade ihre Abschlussprüfung bestanden und waren sehr guter Laune. Sie verließen ausgelassen die Abschlussfeier und wollten zuhause noch ein wenig mit ihren Eltern weiterfeiern. Aber sie mussten noch einige Kilometer mit dem Auto zurücklegen. Es war bereits spät und auch sehr neblig an diesem Abend. Anna bat Kerstin nicht zu schnell zu fahren, denn sie hatte Angst. „Du hast aber auch vor allem Angst", sagte Kerstin, „ich werde schon auf euch aufpassen, es wird euch schon nichts passieren. Außerdem kennt mein Auto den Weg nach Hause." Sie fuhren noch ein paar Kilometer ohne etwas zu sagen, denn der Nebel war richtig gespenstig, man konnte kaum die Hand vor Augen sehen. Plötzlich schrie Anna: „Stopp, stopp, Kerstin du musst stoppen!" Kerstin stand sofort auf der Bremse, war aber sehr wütend. „Wie kannst du mich nur so erschrecken, mach das nie wieder, hörst du!" „Aber hast du nicht den Mann gesehen, vor unserem Auto, du hättest ihn fast totgefahren, wenn du nicht sofort gebremst hättest." „Spinnst du jetzt total?", sagte nun auch Barbara, „da war niemand, ich habe auch niemanden gesehen. Scheinbar hast du zu tief ins Glas geschaut." Und beide lachten Anna aus. „Ich werde jetzt aussteigen und nachschauen, was da passiert ist", sagte Kerstin ironisch. Sie stieg aus, kam nach ein paar Minuten totenbleich wieder zurück und sagte: „Das muss unser Schutzengel gewesen sein, denn wir stehen vor einem Abhang. Hättest du diesen Mann nicht gesehen, wäre ich weitergefahren und das hätten wir alle drei sicher nicht überlebt." Der Engel hatte sich den Mädchen als Mensch gezeigt, aber komischerweise hatte nur Anna ihn gesehen. Das hatte aber genügt, um allen das Leben zu retten.

Nancy hatte einen Flug gebucht um ihre Mutter zu besuchen. Fliegen war nicht gerade ihre große Leidenschaft, sondern immer nur ein notwendiges Übel, um von A nach B zu kommen. Sie schaute auf ihre Platzkarte und suchte die Reihe und ihren Sitzplatz aus, wie auf der Karte angegeben. Sie fing an, ihr Gepäck zu verräumen und setzte sich erschöpft auf ihren Sitzplatz, der auf der Platzkarte angegeben war. Plötzlich kam eine Stewardess lächelnd auf sie zu und sagte: „Das ist nicht Ihr Platz, Sie sitzen verkehrt." „Aber ja, das ist mein Platz, möchten Sie meine Platzkarte sehen?" „Nein", sagte die

Stewardess etwas energischer, „Sie kommen jetzt mit, ich werde Ihnen Ihren Sitzplatz zeigen." Nancy gehorchte und folgte der Stewardess, die sie mit in die erste Klasse nahm und neu platzierte. Wieder lächelte ihr die Stewardess freundlich zu als Nancy sagte: „Aber ich habe doch zweite Klasse gebucht, dass muss eine Verwechslung sein." „Das ist schon richtig so", sagte die Flugbegleiterin und ging wieder weg. Nancy dachte noch: „Hoffentlich kommt jetzt niemand mehr der Anspruch auf diesen Platz hat." Da kam auch schon ein jüngerer Mann der sich neben Nancy setzen wollte, denn er hatte einen Fensterplatz gebucht und die Stewardess hatte Nancy den Platz am Gang zugewiesen. Der freundliche junge Mann bot Nancy nun den Fensterplatz an. Aber wieder kam die Stewardess und sagte: „Nein das geht nicht, Sie haben diesen Platz gebucht, bitte setzen Sie sich auch dort hin." Nancy kam das Ganze komisch vor. Auf der einen Seite gab sie ihr einen Platz in der ersten Klasse und dann wurde sie ärgerlich weil der Mitreisende ihr freundlicherweise seinen Fensterplatz anbieten wollte.

Bereits beim Start des Flugzeuges hatte Nancy ein komisches Gefühl. Die Geräusche, die sie diesmal hörte, waren irgendwie anders als sonst. Sie hatte auf einmal wahnsinnige Angst, dass irgend etwas nicht in Ordnung sein könnte. Nach ein paar Flugminuten hörte sie die Stimme des Flugkapitäns sagen: „Wir haben ein paar technische Probleme, aber machen Sie sich keine Sorgen, wir werden notlanden und den Fehler beheben." Nancy konnte die Stewardess die ihr den Platz zugewiesen hatte nicht mehr sehen, denn sie wollte sie noch fragen, ob das mit dem Flugzeug ein größeres Problem sei, aber sie war nicht mehr da, sie blieb verschwunden. Plötzlich geschah das Unfassbare: das Flugzeug stürzte beim Landeanflug ab. Nancy hatte das Unglück als Einzige überlebt. Die energische Flugbegleiterin muss ihr Schutzengel gewesen sein.

Der arbeitslose Tom stand am Straßenrand, mit dem Finger nach oben, in der Hoffnung ein Autofahrer würde anhalten und ihn mitnehmen. Er wollte seine Freunde besuchen. Sein größtes Problem war, dass er nie Geld hatte und von einem Tag in den anderen lebte. Manchmal fand er Gelegenheitsarbeiten, aber nirgends hielt er es lange aus. Es kam auch schon mal vor, dass er etwas illegal mitgehen ließ, wenn er ein Geschäft aufsuchte und Hunger hatte. Aber Arbeiten war einfach nicht sein Ding und seine Eltern unterstützten ihn schon lange nicht mehr, denn er hatte sie bereits zu oft enttäuscht. Wie aus dem Nichts tauchte ein LKW auf, der Fahrer stoppte und bat ihn einzusteigen. „Hallo, wo möchtest du denn hin?" Tom nannte den Ort und der Fahrer sagte: „Das ist genau meine Richtung." „Hab ich ein Glück", entgegnete Tom. Er konnte sich mit dem Fahrer sehr gut unterhalten, denn er hatte sehr viel Lebenserfahrung und er fühlte sich in seiner Gesellschaft richtig wohl. Tom vertraute ihm Dinge an, die hätte er noch nicht einmal mit seinen Eltern oder Freunden besprochen, er hatte das Gefühl, diesen Menschen schon ewig zu kennen. „Was arbeitest du jetzt?", wollte er von Tom wissen. „Nichts", entgegnete dieser. „Auch du wirst noch den richtigen Weg finden", sagte er zu Tom, „und ich glaube, das wird schon bald sein." Tom wusste nicht, was er von seinen Worten halten sollte und manchmal hatte er das Gefühl, er sei allwissend. Er fand immer die richtigen Antworten auf seine Fragen. Tom wünschte sich, die Fahrt würde nie aufhören, er fühlte sich in seiner Gegenwart richtig geborgen und verstanden, wie schon lange nicht mehr. Plötzlich sagte er zu Tom: „Und hier lasse ich dich jetzt heraus!" „Warum denn hier, in dieser trostlosen und von Gott verlassenen Gegend? Das können Sie mir nicht antun!" Aber er bestand darauf, dass er jetzt seinen LKW verließ. „Tom, du musst jetzt deinen Weg gehen", sagte er zum Abschied. Tom schaute dem wegfahrenden Fahrzeug noch hinterher und dachte: „Ganz schön verrückt, mich hier auf der Straße in der Einsamkeit stehen zu lassen, das hätte ich ihm nicht zugetraut." Der LKW-Fahrer hatte ihm kurz vor dem Aussteigen noch etwas Geld gegeben, mit den Worten: „Für den Fall, dass du noch telefonieren musst oder Hunger hast." Das Geld konnte er jetzt gut gebrauchen, er würde sich nämlich an der Tankstelle etwas zu trinken kaufen, denn es war ein sehr heißer Tag und Tom war sehr durstig. Als er die Tankstelle betrat, war niemand da, aber er hörte ein lautes Stöhnen aus der Garage kommen. Als Tom die Garage betrat, sah er sofort was passiert war. Der Besitzer der Garage, der gerade dabei war, ein Auto zu reparieren, lag schwer verletzt unter dem Auto und konnte sich nicht mehr befreien, der Autoheber musste kaputt gegangen sein. Tom versuchte mit all seiner Kraft das Auto hochzuheben, aber es gelang ihm nicht. Er suchte nach Werkzeug, aber nichts bewegte sich. Der Mann würde sterben, wenn es ihm nicht bald gelänge, diesen Wagen hochzuheben. Er versuchte es wieder mit letzter Kraft und er hörte die Worte: „Tom, du schaffst es, du schaffst es." „Nein, ich kann nicht, mir fehlt die Kraft!" Auf einmal sah er den LKW-Fahrer neben sich und zu zweit gelang es ihnen dann, das Auto hochzuheben. „Bin ich froh, dass Sie gekommen sind", sagte Tom, aber nun konnte er ihn nicht mehr sehen, er war ganz plötzlich verschwunden, er hatte sich in Luft aufgelöst. „Wo sind Sie?", rief Tom. Aber der LKW-Fahrer blieb verschwunden.

Tom telefonierte nach einem Krankenwagen und der Polizei, damit der Verletzte sofort ins Krankenhaus abtransportiert werden konnte. Er schilderte dem Polizisten das ganze Geschehen und erzählte ihm von dem LKW-Fahrer, der ihm glücklicherweise geholfen hatte, aber leider wieder weggelaufen sei. Der Polizist bat Tom, den Fahrer zu beschreiben. „Er war nicht so groß, etwas dicklich und er hatte einen Schnauzbart." Der Polizist erblasste bei Toms Aussage. „Ich weiß, wer das war! Es war Fred, aber er ist bereits seit vielen Jahren tot. Aber er taucht immer wieder auf, wenn ein Mensch in Not ist und er helfen kann. Er ist damals tödlich verunglückt, als er einem Schulbus, der voll besetzt mit kleinen Kindern war, ausweichen musste. Durch seinen Tod hat er allen Kindern das Leben gerettet. Fred war ein sehr guter Mensch." Aber nicht nur hatte er den Kindern geholfen, er hat auch dem Pächter der Tankstelle und Tom geholfen. Tom bekam eine sehr gute Stelle als LKW-Fahrer, all dies hatte er seinem unheimlichen Helfer Fred zu verdanken. Aus Tom ist ein anständiger Mann und zuverlässiger Familienvater geworden.

Für Andrea war es ein ganz besonderer Tag. Sie hatte in ihrem Leben bereits so viel mitgemacht und heute wollte sie ihrem Leiden und Leben ein Ende setzen. Zu viel war in der letzten Zeit passiert. Zuerst wurde sie arbeitslos und musste lernen was es heißt, ums Überleben zu kämpfen. Mit dem wenigen Geld das ihr blieb, musste sie pünktlich ihre Miete zahlen. Dann die vielen Bewerbungen, die sie bereits erfolglos geschrieben hatte. Sie sah einfach kein Licht mehr am Horizont. Was ihr nun den Rest gab, war das letzte Treffen mit ihrem Freund. Sie hatte herausgefunden, dass er sie betrogen hatte und heute war der Tag, an dem er auszog, um mit der anderen Frau zu leben. Dies war die letzte große Enttäuschung, die sie nicht mehr verkraften konnte. Ihre Freundin, mit der sie sonst immer reden konnte, hatte erst kürzlich geheiratet und war in eine andere Stadt gezogen. Andrea fühlte sich so alleine auf der Welt. Sie kaufte sich eine Zugfahrkarte mit dem Gedanken, dass dies heute ihre letzte Aufgabe sein würde, obwohl sie wusste, dass sie die Fahrkarte gar nicht benötigte. Nie mehr würde sie um jemanden weinen oder sich Gedanken machen müssen, wo käme die nächste Miete her. Sie würde heute ihrem kurzen, jungen Leben ein Ende setzen. Dann ging sie zum Fahrplan um zu schauen wann der nächste ICE kommt, der durch diese Station fährt ohne anzuhalten, denn das war ihr Plan. Unter diesem Zug würde ihr Leben nun ein Ende nehmen. Sie dachte noch, ob sie ihren Eltern hätte einen Abschiedsbrief schreiben sollen, verwarf den Gedanken dann aber wieder. Sie stand mit Tränen in den Augen am Bahnhof und wartete ungeduldig auf den Zug. Dann sah sie, wie eine junge Frau vollbepackt mit mehreren Koffern die Treppe herunter kam. Die kleine Tochter rannte regelrecht die Treppe herunter und sie hörte noch, wie die Mutter sie beim Namen rief, aber die Kleine war nicht zu stoppen. Sie rannte geradewegs auf Andrea zu und lächelte sie an. „Warum weinst du?", fragte sie. „Ich weine, weil ich traurig bin." Dann sagte die Kleine zu ihr: „Du musst nicht weinen, denn es wird alles wieder gut." Andrea musste nun noch mehr weinen und nahm die Kleine auf den Arm, denn gerade jetzt fuhr der ICE, unter dem sie ihr Leben beenden wollte, durch den Bahnhof und sie hatte Angst, dem Kind könnte etwas passieren, da sie beide gefährlich nah an der Bahnsteigkante standen. Nun kam auch schon die Mutter ganz aufgeregt auf Andrea zu und bedankte sich bei ihr. „Dass Sie das Kind auf den Arm genommen haben, hat ihr vielleicht das Leben gerettet, denn sie hätte ja unter den Zug laufen können." „Nein", sagte Andrea, „das Kind hat mir das Leben gerettet, denn dieser Zug war für mich bestimmt, ich wollte hier und heute meinem Leben ein Ende setzen. Wenn Ihre Tochter nicht gewesen wäre, die mich abgelenkt hätte, wäre das auch so passiert." „Ich werde Ihnen helfen", sagte die Frau, die sich bei Andrea als Sabine vorstellte. Heute sind sie die besten Freundinnen und Andrea hat wieder neuen Lebensmut gefunden und ist glücklich, noch am Leben zu sein.

Elli hatte es eilig, denn die Zwillinge mussten zur Schule und sie wollten heute Morgen einfach nicht aufstehen. Als dann alle im Auto saßen, versuchte Elli, die Zeit durch schnelles Fahren wieder wett zu machen. Die Kinder saßen immer hinten im Auto, denn Kinder gehören nicht auf den Beifahrersitz. Als Elli kurz vor dem Bahnübergang ankam, hörte sie plötzlich eine ihr bekannte Stimme sagen: „Du musst sofort anhalten." Sie blieb erschrocken stehen und sah neben sich auf dem Beifahrersitz ihren verstorbenen Vater. „Papa", sagte sie ganz erschrocken, denn er war ja schon seit vielen Jahren tot. In diesem Moment kam ein Zug angerast, hätte sie nicht angehalten, als sie die Stimme hörte, wären sie jetzt alle tot. So schnell wie er gekommen ist, war er auch wieder vom Beifahrersitz verschwunden. Elli war so glücklich, denn nun war ihr klar, dass sich die Verstorbenen, auch wenn sie bereits lange von uns gegangen sind, noch immer um uns Gedanken machen. Dies ist ein herrliches Gefühl. Aber diesmal hatte ihr Vater, den Mädchen und ihr sogar das Leben gerettet. Wie sich später herausstellte, hatte die Warnblinkanlage einen Defekt.

Im Jahr 1982 meldeten sich mehrere Autofahrer bei den umliegenden Polizeistationen der Stadt Rosenheim, dass sie einen Anhalter mitgenommen haben, der sich dann ganz plötzlich in Luft aufgelöst hätte. Es ereignete sich auf der Autobahn Salzburg-München. Es verlief immer nach dem gleichen Schema. Der Anhalter stieg in das Auto ein, war am Anfang der Fahrt recht schweigsam, wurde dann aber sehr gesprächig. Er war sehr intelligent und sprach von den vielen Gefahren die auf der Erde lauern und dem Fehlverhalten der Menschen. Er gab sich bei allen Autofahrern als Engel Gabriel aus. Er sei gekommen, um die Erde zu schützen und um Unheil von der Erde abzuwenden. Die Autofahrer waren alle sehr erschrocken, wenn der Mann, der sich Engel Gabriel nannte, aus dem fahrenden Auto verschwand. Der Gurt, mit dem er sich vorher angeschnallt hatte, war immer noch verschlossen. Ein Scherz war ausgeschlossen, denn die meisten der Autofahrer standen unter Schock über das Erlebte und kannten sich auch nicht.

Auch ich hatte ein sehr schönes Erlebnis mit dem Engel Gabriel, denn er hat mich dahingehend manipuliert, sein Bild auf die Titelseite meines Buches zu bringen. Aber auf dieses Thema werde ich in einem anderen Kapitel eingehen. Vielleicht ist der Engel Gabriel einer der Beschützer unseres Landes.

Schon vor einigen Jahren habe ich gehört, dass Engel daran beteiligt waren und das Schlimmste für die Menschheit verhindert hatten beim Brand des Atomkraftwerks von Tschernobyl. Die Engel lieben uns, sie lieben die Tiere und sie lieben unsere Erde, mit der wir so gedankenlos umgehen. Sie sind im ständigen Einsatz, um uns und die Erde mit ihren vielen, lauernden Gefahren zu schützen. Denn Gott lässt es nicht zu, dass wir so mit dem Juwel Erde umgehen. Wenn er sagte: „Macht euch die Erde untertan", hat er damit nicht Vernichten gemeint.

Auch Engel können wie Menschen auftreten und anderen, die in Not sind, helfen. Vielleicht handeln sie auch im Auftrag der Seelen oder im Auftrag Gottes. Aber was ich Ihnen hier geschildert habe, sind nur **ein paar wahre Begebenheiten von vielen**. Das ganze Leben und die ganze Welt besteht aus vielen Wundern, wir müssen sie nur sehen. Aber immer wieder wenn ich so etwas höre, bin ich gerührt und kann nicht verstehen, dass manche Menschen ihre Herzen für solche Sachen verschließen, auch wenn es vielleicht etwas verrückt klingt, dass Verstorbene ihren Weg zu uns finden, um uns zu helfen. Sie beobachten und begleiten uns so lange wir auf der diesseitigen Welt sind mit all ihrer Liebe und warten auf uns, um uns dann in ihrer Welt begrüßen zu können. Wie auf einen Gast, den sie seit längerem eingeladen haben, aber der die Einladung noch nicht angenommen hat. Aber eines Tages werden wir kommen und wir haben jetzt und hier die Möglichkeit, uns täglich auf ein Leben im Jenseits vorzubereiten. Jeder Tag kann auch ein neuer Anfang sein.

Ein Mitglied unserer Familie erkrankte und machte sich ständig Gedanken, ob seine Krankheit nur vorübergehender Natur sei oder ob er damit ein Leben lang zu kämpfen hätte. Wir versuchten alle, Trost zu spenden so gut es ging, aber trotz der Anteilnahme verging kein Tag, an dem er nicht beunruhigt war. Wir machten uns schon alle Sorgen, denn er wollte uns einfach nicht glauben, dass er wieder ganz gesund wird. Doch da nahm uns ein Helfer aus dem Jenseits die Arbeit ab. Eines nachts setzte sich sein Großvater an sein Bett und lächelte ihn an. Noch am nächsten Tag war er ganz verstört und außer sich, als er mir das Erlebte erzählte. Er sagte: „Du beschäftigst dich doch immer mit solchen überirdischen Dingen, was hat das zu bedeuten, dass mein Großvater mich nachts im Schlafzimmer besuchen kommt, muss ich jetzt sterben?" Ich sagte ihm, dass sein Großvater den Weg aus dem Jenseits fand und an sein Bett kam, nur um ihn zu trösten und zu beruhigen. Ab sofort solle er sich keine Gedanken mehr machen, er wird wieder gesund! Von diesem Tag an, wurde seine Krankheit täglich besser und er ist heute geheilt. So viel kann der Trost aus dem Jenseits bei Menschen bewirken.

Es war im Sommer 2004. Wie jeden Tag wollte ich mit dem Fahrrad nachhause fahren. Aber an diesem Tag war nichts wie sonst. Mein Handy befand sich immer am gleichen Platz in meiner Handtasche oder während der Arbeitszeit auf meinem Schreibtisch, aber es klingelte sehr selten. Meine Mutter rief mich an meinem Arbeitsplatz nur auf dem Festnetz an. An diesem Tag rief sie mich an, um mich zu bitten, doch etwas früher nachhause zu kommen, denn es sei ihr langweilig und sie würde gerne mit mir Kaffee trinken. Ich sagte ihr, dass ich gleich kommen würde. Ich verabschiedete mich von meinen Kollegen, meldete mich an der Zeituhr ab und stieg auf mein Rad. Ich war bereits 500 Meter gefahren, als ich plötzlich das komische Gefühl hatte, ich müsse wieder zurück an meinen Arbeitsplatz fahren, um mein Handy zu holen, ich war mir sicher, ich hatte es vergessen. Ich fuhr wieder zurück. Als ich dann nachschaute, stellte ich fest, dass es nicht auf meinem Schreibtisch lag. Es war aber auch nicht an seinem Platz in der Tasche. Auf einmal klingelte das Handy in meiner Tasche, es war eine Anruferin, mit der ich gar nicht gerechnet hatte. Das Gespräch dauerte ein paar Minuten und ich sagte ihr, ich würde sie vom Festnetz wieder zurückrufen, weil es ein Auslandsgespräch und für die Anruferin sicher sehr teuer war. Außerdem wollte ich schnell nachhause, weil ich es meiner Mutter versprochen hatte. Ich stieg wieder auf mein Fahrrad und es dauerte nur ein paar Minuten, als das Telefon wieder klingelte. Es war ein Mann der sich verwählt hatte. Er unterhielt sich noch ein wenig mit mir und ich dachte noch: „Ist das komisch, heute läuft ja gar nichts nach Plan und wenn das so weitergeht, dann muss meine Mutter heute aber lange auf mich warten." Mein Weg führte mich dann durch einen Park, als das Handy erneut klingelte. Dieses Mal war es eine Freundin von mir. „Hallo, wie geht es dir? Du hast mich gerade angerufen", hörte ich sie sagen. „Ich dich angerufen, dass muss ein Irrtum sein, aber es ist nett von dir zu hören." „Aber ich habe doch deine Rufnummer auf meinem Handy gesehen", sagte sie „und zwar um 10:45 Uhr." „Das muss ein Irrtum sein, ich hatte um 10:45 Uhr keine Zeit zum Telefonieren." Und ich wusste genau, dass da mein Handy noch auf meinem Schreibtisch lag. Wir unterhielten uns eine Zeitlang und ich dachte noch: „Das ist ja eine richtige Heimfahrt mit Hindernissen." Als ich dann meinen Weg mit dem Fahrrad fortsetzte sah ich plötzlich einen Krankenwagen auf dem Fahrradweg stehen. Ein schlimmer Unfall war passiert, genau da, wo ich immer fahren muss. Ein Lastwagen und ein PKW waren genau auf dem Fahrradweg ineinander gefahren.

War das alles nur Zufall mit den vielen ungewöhnlichen Anrufen? Und komisch, dass ich wieder ins Büro zurückging, das ist mir in all den Jahren noch nie passiert. Das Handy, das immer am gleichen Platz war, war dieses Mal ganz woanders. Nun wollte ich wissen, wann die Rufnummer meiner Freundin gewählt wurde. Ich schaute auf dem Handy nach gewählten Rufnummern. Und tatsächlich die Nummer wurde gewählt. Aber von wem? Ich hatte mit der ganzen Sache nichts zu tun. Und die anderen Zufälle? Wäre ich ohne die ganzen Zufälle gleich nachhause gefahren, würde ich vielleicht heute nicht mehr leben!

Es muss mein Schutzengel gewesen sein, der dafür verantwortlich war. Sicher werde ich noch ein wenig gebraucht oder soll dieses Buch noch beenden, damit ich vielleicht Menschen wie Ihnen ein wenig die Trauer nehmen und etwas Freude schenken kann. Dies ist meine Aufgabe, die ich zu erfüllen habe. In meinem Buch schreibe ich und sage auch immer wieder, erst dann, wenn wir alle unsere Aufgaben erfüllt haben, werden wir von Gott nach Hause gerufen.

Dürfen wir uns das Leben nehmen?

Die Tatsache, dass sich so viele Menschen, auch junge Leute, das Leben nehmen, (es werden immer mehr), lässt die Frage aufkommen: „Dürfen wir das überhaupt?" Da bin ich mir ganz sicher, eindeutig nein sagen zu dürfen, denn wir haben nicht das Recht, uns das Leben zu nehmen, denn wir bekamen von Gott diese Prüfung des Lebens und des Leidens auferlegt, damit wir uns weiterentwickeln können. Gott gibt uns die Stärke und die Kraft, dass wir jede Art von Leid bewältigen können. **Er wird uns nie mehr auferlegen, als wir ertragen können.** Gott mit seinen Helfern, den Engeln, gibt uns die Kraft, jede Situation, auch die Schwierigste, zu überstehen. Deshalb dürfen wir nicht verzweifeln, denn wenn wir ganz unten sind, wird es auch wieder nach oben gehen, aber wir müssen Geduld haben und Gott vertrauen.

Menschen, die sich das Leben nehmen, befinden sich meistens in einer tiefen Depression und man kann sagen, in dem Moment, wo ein Mensch so etwas tut, ist er nicht mehr im vollen Besitz seiner geistigen Kräfte. Wie viel Hoffnungslosigkeit, Traurigkeit, Verzweiflung, Ärger, Kummer, Schmerz und Leid muss sich in der Seele oder im Herzen dieses Menschen vereint haben, dass es zu dieser Tat kommen konnte? Wie viel muss passiert sein, um so eine Entscheidung zu treffen? Manche Menschen sagen, Selbstmörder sind Feiglinge, weil sie sich so aus dem Leben stehlen. Kranke, die zum Sterben verurteilt sind, möchten leben und nicht sterben und Selbstmörder dürften leben, aber wollen sterben. Sie nehmen sich das Leben, das Gott ihnen gegeben hat und einzigartig ist. Denn auch sie mit ihrem Geist und ihrer Seele sind einzigartig. Man sagt, Selbstmörder kommen auf eine niedrigere Ebene und können sich noch nicht von dem irdischen Leben trennen, weil ihre Zeit noch nicht gekommen war. Ich kann Ihnen nur den Rat geben, für diese Seelen ganz viel zu beten. Man sagt, jedes Gebet, das für eine Seele ausgesandt wird, erscheint wie ein Blitz am Horizont. Wenn Sie für einen Menschen beten, der Ihnen sehr weh getan hat, machen Sie ihm keine Vorwürfe, sondern verzeihen Sie ihm in Ihrem Gebet. Es verursacht dem Verstorbenen im Jenseits große Schmerzen, wenn er Dinge getan hat, die er nicht mehr gut machen kann oder wenn er sich für Schmerzen, die er Ihnen zugefügt hat vor seinem Tod nicht mehr entschuldigen konnte. Bitte sagen Sie ihm in Ihrem Gebet, dass Sie ihm alles, was er Ihnen angetan hat verzeihen. Beten Sie das sehr oft, denn nur so wird er eines Tages frei sein von seiner Schuld.

Wissenschaftlern in Russland ist es 2004 zum ersten Mal gelungen, die Seele von Verstorbenen nach dem Tod sichtbar zu machen. Die Seele zeigt sich wie ein heller, strahlender, runder Lichtkranz und wird nur im Dunkeln mit speziellen Geräten sichtbar. Bei Menschen, die einen langen Leidensweg hinter sich hatten, und sich auf ihr Sterben vorbereiten konnten, entfernte sich die Seele viel schneller aus dem Körper, als die Seele eines Menschen der getötet wurde. Diese Seele wurde vom Tod plötzlich überrascht und musste sich dessen erst langsam bewusst werden.

Meine Meinung ist, wir dürfen einen Selbstmörder nicht verurteilen, sondern sollten versuchen, den Betreffenden zu verstehen. Selbstmörder sind im Jenseits sehr unglückliche Seelen, weil sie mit ihrem Freitod ihren Familien und Freunden sehr viel Leid zugefügt haben. Außerdem ist diese Form des Abschieds von einem geliebten Menschen die schlimmste Form des Abschiednehmens. Genau so grausam ist es, wenn ein Mensch tödlich verunglückt ist oder ermordet wurde. Die Familie konnte sich auf dieses Ereignis nicht vorbereiten, es ist ein Schock, der plötzliche Tod eines geliebten Menschen, den man vorher nicht mehr in den Arm nehmen konnte um sich zu verabschieden.

Seelen die keine Ruhe finden!

Dies trifft meistens bei Menschen zu, die ganz unerwartet aus dem Leben gerissen wurden, wenn sie z. B. ermordet wurden und durch Gewalteinwirkung ums Leben kamen. Ihre Zeit war noch nicht abgelaufen, sie hatten noch viel auf dieser Welt zu erledigen. Wer hat noch nie davon gehört, dass es in einem Haus spukt? Angeblich auch bei den Windsors in England. Gerade alte Schlösser sind dafür bekannt, ihren eigenen Hausgeist zu haben. Aber jedes Mal handelte es sich um einen Menschen, der in diesen Häusern auf sonderbare Weise (durch Mord oder Selbstmord) ums Leben kam.

Die Vereinigung der Parapsychologen mussten nach ihren Untersuchungen ebenfalls bestätigen, dass viele intelligente und auch bekannte Persönlichkeiten Geist-Erscheinungen (mit verstorbenen Seelen) hatten. Zum Beispiel erscheinen Soldaten im Moment ihres Todes ihren Frauen, Müttern oder Geschwistern daheim, auch wenn sie an der Front in einem anderen Land gefallen sind. Es gibt Seelen, die immer wieder zu den gleichen Orten zurückkehren oder Seelen, die nur zu Menschen die sie lieben kommen, um ihnen Trost zu spenden. Beim Erscheinen einer Seele wird sich die Zimmertemperatur um einige Grade abkühlen, da sie Geistwesen sind, können sie durch geschlossene Türen und Fenster gehen.

Im Dezember 1972 stürzte ein Flugzeug einer amerikanischen Fluglinie in einem Sumpfgebiet in Florida ab, dabei wurden über 100 Menschen getötet. Seitdem erschienen der verstorbene Pilot und sein Flugingenieur über 20 Mal den Flugbegleitern und Piloten anderer Maschinen der gleichen Fluglinie. Es handelte sich aber immer um Flugzeuge, in die man Ersatzteile der Unglücksmaschine eingebaut hatte. Viele von ihnen kannten die beiden bereits, da sie mit ihnen gearbeitet hatten oder sie wurden von Personen gesehen, die sie dann später anhand von Fotos wiedererkannten. Diese Tatsache sprach sich wie ein Lauffeuer bei den Mitarbeitern herum und es stand sogar in einem Bericht des amerikanischen Flugsicherheitsdienstes. Dieser Fall wurde sehr gründlich untersucht und es gab eine Vielzahl überzeugender Hinweise. So wurde unter anderem von den Erscheinungen in den Logbüchern der Crew berichtet. Die Crewmitglieder, welche die Eintragungen vorgenommen hatten, wurden von dem Firmenpsychiater gründlich untersucht. Nachdem in der Öffentlichkeit so viel Interesse an der Angelegenheit entstanden ist, wurde ein Verbot durch die Fluglinie ausgesprochen den Fall weiter publik zu machen und weiter zu untersuchen. Man nahm an, die Passagierzahlen könnten aufgrund der Tatsache, dass zwei blinde Passagiere (verstorbene Seelen) mit an Bord sind, zurück gehen.

Bei einer meiner Arbeitskolleginnen ereignete sich folgendes: vor einigen Jahren zog sie in eine andere Stadt. Nach dem Einzug in die neue Wohnung passierten plötzlich ganz sonderbare und unerklärliche Dinge. Nachts hatte die Familie das Gefühl als würde jemand durch ihre Wohnung schlurfen, es hörte sich an, als wenn ein alter Mensch in Pantoffeln herum laufen würde, aber die Füße nicht mehr richtig hochbekommt. Außerdem stolperten sie immer an der gleichen Stelle in ihrer Wohnung. Als sie dann noch das Gefühl hatten, dass sich jemand in ihrem Schlafzimmer aufhielt, dessen Atem sie spüren konnten, wollten sie wissen, was in dieser Wohnung passiert sei. Was bei ihren Recherchen herauskam, war niederschmetternd. In der Wohnung wurde eine Frau ermordet. Genau dort, wo die neuen Bewohner immer stolperten, war die Stelle, an der man die Tote fand, nachdem sie ermordet wurde. Der Täter hatte sie mit 27 Messerstichen getötet und ihr anschließend die Füße abgehackt. Der Mörder der alten Dame wurde nie gefunden, man vermutete ihn in der Nachbarschaft, konnte ihm die Tat aber nicht nachweisen. Als der Verdächtige aus der Gegend wegzog, hörten die Geräusche auf. Die alte Frau hatte somit ihren Frieden wieder gefunden. Oder versuchte sie die Familie auf den Täter aufmerksam zu machen? Hatte sie vielleicht Angst, ihnen könnte das gleiche Unglück zustoßen? Warum konnte die Verstorbene vorerst keine Ruhe finden? Wollte sie die neuen Bewohner nur warnen, weil ihr Mörder noch nicht gefunden war? Oder konnte sich ihre Seele nicht von dem Ort lösen, weil ihre Zeit noch nicht gekommen war?

Das Leben ist nicht einfach

Ständig werden wir mit Problemen konfrontiert, die uns das Leben schwer machen. Fast alle nehmen sich zu wichtig und glauben, sie seien unersetzlich. Dabei sind wir alle nur kleine Lichtchen in diesem großen Universum. Es beginnt schon, wenn wir zur Arbeit gehen. Dort begegnen wir bereits den ersten Menschen, die es gar nicht so gut mit uns meinen. Viele werden sogar förmlich durch ihr Arbeitsleben gemobbt und können nichts dagegen tun, sondern müssen aushalten, weil daheim Frau und Kinder auf den monatlichen Unterhalt warten. Viele missbrauchen ihre Macht, ohne zu überlegen, was sie dem anderen antun. Wir haben nicht das Recht, über Andere zu reden, sie schlecht zu machen, oder ihnen weh zu tun, um sich selbst in ein gutes Licht zu rücken. (In der Bibel steht: du siehst den Splitter im Auge deines Nächsten aber den Balken in deinem Auge siehst du nicht)! Früher oder später kommt wieder alles auf den Betreffenden zurück, das Gute wie das Böse. Was wir säen werden wir auch ernten, so wie Gott es uns vorausgesagt hat. Wenn wir Gutes tun, wird auch viel Gutes zurückkommen. Das Leben könnte für uns alle viel einfacher sein, wenn wir es uns nicht schwerer machen würden, als es bereits schon ist. Aber warum nehmen wir uns so wichtig? Wir sollten mehr für unser Seelenleben als für unser leibliches Leben tun. Denn wenn wir auf der anderen Seite ankommen, dann zählt nicht der Reichtum wie Häuser und Autos oder die Position die wir inne hatten. Nein, da zählt nur die Liebe und das Verständnis, das wir auf dieser Erde an andere Menschen weitergegeben haben. Alle Menschen auf der Erde sind gleich, Gott macht da keinen Unterschied, wir sind seine Kinder. Wir müssen versuchen, danach zu leben, den anderen zu respektieren und mehr Verständnis für ihn aufzubringen. Liebe und gerade die Nächstenliebe ist eines der größten und wichtigsten Gebote Gottes. Denn nur durch die Liebe wird unsere Erde hell und strahlend. Liebe ist der Antrieb und der Motor des Universums. Gott und die Apostel predigen in der Bibel immer von der Liebe zum Nächsten.

Liebe ist Licht, Liebe macht glücklich, Liebe macht uns stark, Liebe macht uns gesund, Liebe macht

uns schön, Liebe findet Freunde. Warum leben wir nicht danach?

Hass ist Dunkelheit, Hass macht traurig, Hass macht einsam, Hass macht krank, Hass macht hässlich, Hass macht schwach, lassen wir die Liebe in unsere Seele einkehren, dann wird alles um uns herum wieder hell. Fangen Sie in Ihrer Familie an. Hören Sie Ihrem Partner, Ihren Kindern genau zu. Sind Sie freundlich und hilfsbereit zu Kollegen am Arbeitsplatz. Versuchen Sie nicht, sich auf Kosten anderer in ein gutes Licht zu rücken. Vielleicht würden sich weniger Menschen das Leben nehmen, wenn man ihnen zuhören würde? Vielleicht würde die Arbeit besser gemacht, wenn man Kollegen nicht mobben würde? Denken Sie immer daran, jeder auf dieser Welt ist wichtig, denn jeder hat eine (seine) Aufgabe zu erfüllen. Ich bin froh um jeden Engel, der auf diese Welt kommt um uns zu helfen und uns zu unterstützen, denn ohne die Hilfe der Lichtwesen können wir unsere Welt nicht mehr zum Guten verändern.

Wo Liebe gegeben wird, kommt auch Liebe zurück. Wir müssen uns alle wie eine große Familie sehen, die miteinander, füreinander aber nicht gegeneinander arbeitet. Fangen wir heute damit an in unserer kleinen Welt (Zuhause und am Arbeitsplatz) und alles wird besser!

Unerklärliches aus dem Reich der Verstorbenen

Vor ein paar Monaten hatten wir Besuch von einer Tante, die seit vielen Jahren Ordensschwester in Manila ist. Sie hatte nicht sehr viel Zeit, denn jeder aus der Familie wollte ein wenig Zeit mit ihr verbringen. Wir hatten dann das Glück, dass sie für ein paar Tage zu uns kam. Natürlich unterhielt ich mich mit ihr über mein Vorhaben und erzählte ihr, was mir alles Wunderbares und Schönes mit den Verstorbenen und meinem Engel passiert war. Ich war glücklich, dass sie mir glaubte und sagte, dass auch bei ihnen in Manila viele außergewöhnliche Sachen passieren. Als ich gerade dabei war ihr zu erzählen, dass die Uhr immer stehen blieb, schaute ich zufällig auf die Wanduhr und gerade in diesem Moment, als wir über dieses Phänomen sprachen, blieb die Uhr stehen, als wollte jemand das bestätigen, was ich ihr gerade erzählte. Außerdem hatte ich Angst, dass sie mich für ein bisschen verrückt hielt. Vielleicht hatte mein Engel dies gespürt und glaubte damit meine Berichte bestätigen zu können. Dann erzählte sie mir, was sie selbst alles gehört hatte und ich war so froh, dass ich bei ihr auf Verständnis stieß und dass sie mir glaubte. Was sie mir dann allerdings erzählte, war so mysteriös, das ich es Ihnen nicht vorenthalten möchte. Bis heute kann ich mir das Ganze noch nicht erklären.

Vor einigen Jahren wurde ein Taxifahrer in Manila regelrecht enthauptet und von einer Jugendgang ausgeraubt. Er ließ eine große Familie zurück, die ohne seinen Verdienst notleiden musste. Seine Frau war nach seinem Tod völlig verzweifelt, sie wusste nicht mehr ein noch aus und konnte sich nicht vorstellen, wie sie mit ihren Kindern ohne das Gehalt ihres Mannes überleben sollte.

Später wurde berichtet, dass genau dieser Mann wieder in einem Taxi gesehen wurde. Er fuhr seine Fahrgäste immer an den gewünschten Ort. Als sie dann den Fahrpreis bezahlt hatten löste sich der Taxifahrer in Luft auf, er war einfach weg. Bis dahin konnte ich noch folgen, denn man sagt, dass Menschen die ermordet wurden wieder an den Ort zurückkommen. Nun aber wurde von der Witwe berichtet, dass es Tage gab, an denen Geld auf ihrem Küchentisch lag und sie weiß bis heute nicht, wie es dahin kam. Ich habe mir sehr viele Gedanken gemacht, wie so etwas möglich sein kann.

Es ist erwiesen, dass Verstorbene, die so aus dem Leben gerissen wurden, und ihre Aufgabe noch nicht vollendet haben, sich Gedanken um die Familie machen. Dinge, die noch nicht erledigt sind, möchte die verstorbene Seele noch gerne beenden. Sie wusste ja noch nicht, dass sie sterben sollte und war auf den Tod völlig unvorbereitet. Doch sie bestehen fortan aus Geist und wie kann ein Geist Geld auf den Tisch legen? Gibt es da noch mehr zwischen Himmel und Erde, was wir nicht verstehen können?

Es ist eine wahre Begebenheit, die sich in den USA vor einigen Jahren ereignete. In einem Coffeeshop, in dem sich nur Fernfahrer trafen, kam Ben herein und bestellte wie immer zwei Tassen Kaffee und zwei Donuts für sich und seinen Freund Frank, mit dem er sich immer in der Mittagspause traf. Die Kellnerin bemerkte, dass sich Ben irgendwie komisch verhielt. Er sprach die ganze Zeit mit seinem Freund Frank, obwohl dieser gar nicht da war. Sogar Kaffee und Kuchen hatte er für ihn bestellt. „Jetzt fängt der Junge aber an zu spinnen und führt sogar Selbstgespräche", dachte die Bedienung, denn sie konnte niemanden sehen, aber Ben redete unentwegt weiter.

Frank erzählte ihm, dass er vor ein paar Wochen eine Lebensversicherung abgeschlossen habe und er, Ben, dies seiner Frau Meggy bitte sagen solle. „Aber sag es ihr doch selbst", meinte dieser, „dafür brauchst du mich doch nicht!" Weiterhin erzählte er ihm wie hoch die Lebensversicherungssumme sei und wo die Police liegen würde und bei welcher Versicherung und Agentur er den Vertrag abgeschlossen hätte. „Ich kann einfach nicht verstehen, warum du ihr das nicht selbst sagst." „Du wirst es noch früh genug erfahren", sagte Frank zu Ben.

In diesem Moment klingelte das Telefon und die Kellnerin rief Ben, das Gespräch sei für ihn. Ben ging zum Telefon und was er da erfahren musste konnte er kaum glauben. „Was", schrie er, „Frank ist tot? Das kann ich nicht glauben, denn er war doch gerade noch hier, wir haben uns unterhalten." Aber am anderen Ende des Telefons versuchte man ihm zu erklären, dass dies ein Irrtum sein musste, denn Frank sei mit seinem Truck tödlich verunglückt, er konnte es auf keinen Fall gewesen sein. Als er wieder an seinen Tisch zurückging konnte er seinen Freund Frank nicht mehr sehen, der Platz ihm gegenüber war leer. Die Kellnerin bestätigte ihm im Nachhinein, dass sie niemanden an seinem Tisch habe sitzen sehen und sie schon dachte, dass er nicht mehr ganz echt sei und führte seinen Zustand auf Übermüdung zurück. „Aber ich schwöre, er war hier, ich habe ihn gesehen."

Es ist glaubwürdig, das er seinen Freund sehen konnte, denn Frank musste nach seinem Tod noch sicherstellen, dass es seiner Familie gut ging, wenn er nicht mehr da war. Aber er wusste auch, dass niemand von dieser Versicherung wusste und er wollte seine Frau nicht erschrecken und hat sich so an seinen besten Freund gewandt. Er war sicher, dass dieser seine Nachricht weitergeben würde. Was aber nun tatsächlich dazu führte, dass es glaubhaft war ist die Tatsache, dass diese Versicherung wirklich existierte und erst kürzlich abgeschlossen wurde. Alle Angaben waren überprüfbar und korrekt. Frank hatte die Versicherung kurz vor seinem Tod abgeschlossen, aber er hatte es seiner Frau noch nicht erzählt, weil er mit einem so schnellen Ableben nicht gerechnet hatte.

Wunder und Erscheinungen gibt es, seit unsere Welt besteht

Bereits in der Bibel wird von Wundern und Erscheinungen gesprochen. Dies ist kein Phänomen unserer Zeit, sondern existiert schon seit es die Erde und uns Menschen gibt. Entweder es waren Engel, die den Menschen erschienen sind, oder es waren Wunder, die Jesus, Mutter Maria oder Menschen durch die Kraft Gottes bewirkt haben. Aber immer wieder wollte man uns zeigen, dass es eine höhere Macht gibt, an die wir glauben müssen. Gott war kein Zauberer, der Hasen verschwinden ließ, sondern Blinde konnten sehen, Gelähmte konnten gehen und Tote sind wieder auferstanden, Todkranke wurden wieder gesund. Diese Dinge passieren auch heute noch. Wir sagen, dieser Arzt hat meinem Kind das Leben gerettet. Aber woher kommt die Kraft? Sie ist von Gott gegeben. Andere zu heilen ist ein Talent, das Gott uns gegeben hat. So wie Gott und seine Helfer, die Engel, Maler, Musiker, Sänger, Bildhauer und Schriftsteller inspirieren, so inspiriert er auch die Ärzte, den Kranken zu helfen. Zu helfen und zu heilen ist auch eine Kunst. Das Wort Beruf bedeutet, zu etwas berufen sein und das ist ebenfalls eine Kraft, die von oben kommt. Genau in dem Moment das Richtige zu tun, wenn es die Situation erfordert.

So passierte es auch im Krieg. Als die Verwundeten und Kranken so zahlreich auf die Krankenstation der Barmherzigen Brüder gebracht wurden und nicht mehr genügend Pflegepersonal vorhanden war, um jeden Einzelnen ausreichend zu betreuen, beteten diese zu Gott und baten ihn um seinen Beistand und Hilfe, denn es war zum Verzweifeln. Die Menschen weinten und wimmerten vor Schmerzen und nicht allen konnte geholfen werden. Immer wieder baten sie Gott, ihnen doch bitte Helfer zu schicken. Und siehe da, er schickte seine Himmlischen Helfer, die Engel. Sie halfen den Ordensbrüdern die Kranken zu pflegen. Und nur mit ihrer Hilfe konnte vielen von ihnen geholfen werden. Aber nicht nur körperliche sondern auch seelische Hilfe und Trost wurde ihnen zuteil. Die Engel konnte man nicht sehen, aber fühlen, sie schickten heilende Schwingungen zu den Kranken.

Wenn Sie Gott oder die Engel rufen, sind sie für Sie da. Sie müssen ganz einfach geduldig sein und daran glauben. Sie kommen nicht nur zu guten Mensch, nein, sie kommen überwiegend auch zu Verzweifelten, zu Sündern, zu Hoffnungslosen und sehr zahlreich erscheinen sie kleinen Kindern. Vielleicht helfen sie Ihnen nicht gleich beim ersten Mal oder hören nicht sofort, wenn Sie nach ihnen rufen. Aber Ihr Engel hört sie, er ist für Sie da, Sie können mit der Zeit eine richtige Freundschaft zu Ihrem Engel aufbauen. Er freut sich, wenn Sie an ihn denken, mit ihm reden und er freut sich, dass er gebraucht wird, denn es ist ja seine Aufgabe Sie zu beschützen. Er liebt Sie! Er spendet Ihnen Trost, Kraft, Liebe und Schutz. Auch ich hätte ohne meinen Engel schon so manchmal am Leben verzweifeln können. Aber er gab auch mir immer wieder seinen Schutz und seine Kraft in ausweglosen Situationen.

Vor noch nicht all zu langer Zeit geschah etwas, was man auch als ein Wunder bezeichnen muss. Eine junge Familie war so glücklich über die Geburt ihres ersten Kindes, es war ein kleiner Sohn. Doch bereits nach einigen Monaten mussten die Eltern feststellen, dass mit dem kleinen Jungen etwas nicht stimmte, denn er war ein sehr kränkliches Kind. Nach umfangreichen Untersuchungen durch Spezialisten mussten sie erfahren, dass ihr kleines Kind an Krebs erkrankt war. Beim Röntgen hatte man festgestellt, dass der Junge an der Wirbelsäule ein sehr großes Karzinom (Krebsgeschwulst) hatte. Dann stand die Entscheidung fest, im Alter von zwei Jahren sollte er operiert werden. Die Eltern waren sehr besorgt, aber es war die einzige Möglichkeit, ihrem Kind zu helfen und sein Leben zu retten. Die Eltern beteten viel und bereiteten sich auf den großen Tag vor, der ihr aller Leben so sehr verändern könnte zum Besseren wie zum Schlimmeren. Der Arzt konnte nicht genau sagen, wie die Operation verlaufen würde. Die Eltern beteten sehr viel für ihren kleinen Jungen.

Als es dann so weit war, beschloss die Mutter mit ihrem kleinen Sohn das Krankenzimmer zu teilen, denn er war noch zu klein, um zu verstehen, was nun mit ihm passieren würde. Die Mutter war gerade im Begriff, die Wäsche in den Schrank zu räumen, als der Junge von einer Krankenschwester zum Röntgen abgeholt wurde. Er musste noch einmal gründlich untersucht und geröntgt werden, wie das vor Operationen so üblich ist. Die letzten Aufnahmen waren bereits ein paar Monate alt und man wollte sich noch einmal ganz genau vergewissern, welche Größenordnung der Tumor in der kurzen Zeit wieder erreicht hatte. Man durfte aber keine Zeit mehr verlieren. Alles war bereits für die schwierige Operation vorbereitet und das Kind sollte gleich operiert werden.

Die Mutter wunderte sich, warum es so lange dauerte, denn der Kleine war schon lange weg und die Operation sollte bereits begonnen haben. Dann kam der Arzt mit dem Kind auf dem Arm und sagte: „Sie werden heute beide wieder entlassen!" „Wie", sagte die Mutter entsetzt, „jetzt verstehe ich gar nichts mehr." „Ich auch nicht", sagte der Arzt, „denn so etwas habe ich noch nie gesehen! Ihr Sohn ist gesund, wir müssen ihn nicht mehr operieren." Er nahm die Mutter und das Kind mit in sein Untersuchungszimmer und zeigte der erstaunten Mutter die Röntgenaufnahme. „Sehen Sie, nichts mehr, aber auch gar nichts mehr ist zu sehen. Ihr Kind ist vollkommen gesund, ich habe es dem ganzen Ärzteteam gezeigt und alle waren sprachlos. Wenn ich es nicht besser wüsste, würde ich sagen, dies ist ein Wunder."

Ein Wunder ist geschehen, wie war es möglich, dass der riesengroße Krebstumor bei dem Kind verschwunden war und das innerhalb von ein paar Wochen, kurz vor seinem Operationstermin? Selbst der Arzt sprach von einem Wunder. Und solche Sachen passieren jeden Tag auf der Welt, die kleinen Wunder, die Gott jeden Tag bewirkt. Nur kommt so etwas selten in den Nachrichten, wir erfahren meistens nur das Schlechte, was auf unserer Welt passiert, über das Gute wird nicht mehr gesprochen.

Der Bahnschaffner Gabriel wurde im Jahre 1901 in einen schweren Unfall verwickelt. Der Wagon, in dem er sich befand, fuhr auf einen anderen Zug auf. Er wurde schwer verletzt, als er aus dem Zug geschleudert wurde. Als man ihn viele Stunden später fand, konnte man nicht mehr viel für ihn tun. Im Krankenhaus stellte man fest, dass er von der Taille nach unten gelähmt bleiben würde. Er lag monatelang im Hospital und wurde künstlich ernährt. Er konnte weder richtig essen noch schlukken, seine Beine konnte er nicht bewegen und er magerte extrem ab. Alle hatten Angst, er würde bald sterben, seine Mutter beharrte deshalb auf einer Reise nach Lourdes. Man brachte ihn auch nach Lourdes, weil seine Mutter nicht nachgab und darauf bestand. Aber Gabriel war kein gläubiger Mann und sah auch nicht viel Sinn in dem Ausflug nach Lourdes. Man tauchte ihn in das geweihte Lourdeswasser, wobei er ohnmächtig wurde. Ein paar Stunden später stand der ungläubige Gabriel von seiner Bahre auf und konnte wieder laufen. Er konnte wieder essen und wurde ganz gesund. Er war für immer geheilt.

Auch in der Bibel steht: „Selig die nichts sehen und doch glauben." Aber Gabriel glaubte an nichts und niemanden und ihm wurde trotzdem geholfen. Wie ist das möglich? Aber wenn wir die Bibel kennen, wissen wir auch, dass Gott besonders den Zweiflern unter uns seine Kraft zeigen möchte. Er konnte sie schon damals durch die Kraft seiner Wunder wieder zum Glauben bekehren. Dies ist auch mit Gabriel passiert. Nach dem Wunder wurde er ein gläubiger Mensch. Die Gottesmutter hat den Zweifler durch das Wunder bekehrt. Ganz bestimmt hatte auch die Kraft der Gebete seiner gläubigen Mutter geholfen.

Alice reiste im Jahre 1952 mit einer organisierten Pilgerfahrt nach Lourdes in Frankreich. Sie war sehr krank und auch die Ärzte hatten keine Hoffnung mehr. Sie war erst 34 Jahre alt und litt bereits seit mehreren Jahren unter Multiple Sklerose. Eine Krankheit, die in Schüben verläuft und noch immer unheilbar ist. Auf dieser Pilgerfahrt wurde sehr viel zur Mutter Maria gebetet und einige versprachen sich Heilung durch die Kraft der Gebete und den Glauben an die heilige Mutter Maria. Alice konnte weder gehen noch sprechen. Sie wurde in einem kleinen Wägelchen in das Badebecken gezogen. Nachdem sie eine Zeitlang in dem Becken verblieben ist fühlte sie sich zuerst einer Ohnmacht nahe. Dann aber zuckten alle ihre Glieder und als sie wieder aus dem Becken heraus kam, fühlte sie sich gut. Nachmittags nahm sie an der Prozession teil, bei welcher alle Pilger den Segen der Kirche empfingen. Auf einmal konnte Alice wieder sprechen und ohne jegliche Hilfe oder Hilfsmittel laufen. Sie wurde von 15 verschiedenen Ärzten untersucht, die eindeutig ihre Heilung diagnostizierten. Es war ein Wunder, denn Alice war vorher unheilbar krank, keiner der behandelnden Ärzte gab ihr eine Chance. Ihre letzte Chance war Mutter Maria und sie hat ihr geholfen, wieder ein normales Leben zu führen. So wurden unzählige Wunder bekannt.

Vorahnungen - der 7. Sinn

Fast alle Menschen könnten ihre übersinnlichen Fähigkeiten nutzen, wenn sie sich darin üben würden. Bei vielen sind sie vorhanden, schlummern aber vor sich hin, da sie nicht gefördert werden oder der Betreffende kein Interesse daran hat, in sich hineinzuhören. Der 7. Sinn bei Menschen ist gar nicht so ungewöhnlich wie wir annehmen.

Als mir beim Federballspielen die Nase gebrochen wurde, sollte diese operiert werden. Ich hatte eine Voruntersuchung bei einem sehr guten, bekannten Arzt und an diesem Tag wurde auch der Operationstermin festgelegt. Einen Tag vor dem OP-Termin konnte ich zuerst nicht richtig einschlafen. Ich nahm an, ich sei nervös wegen der Operation. Als ich dann endlich einschlief, hatte ich einen Traum. In diesem Traum kam der Arzt zu mir und sagte, er könne mich morgen nicht operieren, denn er sei letzte Nacht verstorben. Am Morgen ging ich zu meiner Mutter und sagte zu ihr: „Wir brauchen den Termin beim Arzt nicht mehr wahrzunehmen, denn der Chirurg ist verstorben." Sie schaute mich ungläubig an, als hätte ich den Verstand verloren. „Aber Kind, du hast nur Angst vor der Operation." „Nein, ich hatte einen Traum in dem ist mir der Arzt erschienen und hat es mir mitgeteilt." Sie nahm mich aber nicht ernst. Also gingen wir wie verabredet ins Krankenhaus. Meine Mutter ging mit mir auf die Station, auf der wir uns melden sollten. Nach ein paar Minuten kam eine Krankenschwester und sagte: „Es tut mir leid, aber wir müssen sie wieder nachhause schicken, denn gestern Nacht ist der Arzt, der ihre Tochter operieren sollte verstorben." Meine Mutter schaute mich ganz erschrocken an. Da ich noch sehr jung war, machte ich mir Vorwürfe und glaubte zunächst, dass ich an seinem Tod schuld sei. Heute kann ich verstehen, warum mir der Arzt im Traum erschienen ist. Wie ich erfahren habe, starb er durch einen Selbstmord, weil seine Frau ihn verlassen hatte. Durch die Selbsttötung konnte er sich nicht von der Erde lösen und da er ein sehr guter und zuverlässiger Arzt war (er hatte mich bereits vorher einmal operiert), wollte er trotzdem seinen Verpflichtungen nachkommen. Alle Aufgaben, die er noch zu erledigen hatte, wurden ihm in diesem Moment wieder bewusst. Er hatte das Gefühl, dass er die Menschen, die ihn gebraucht hätten, die er noch operieren sollte, im Stich gelassen hatte. Er suchte mich auf, um mir mitzuteilen, dass er nicht mehr für mich da sein kann. Es war wie eine Entschuldigung. Das war das erste Mal, dass ich mit so einer übersinnlichen Angelegenheit konfrontiert wurde, ich war damals gerade 17 Jahre alt.

Kurz nach dem Tod meines Vaters fuhren meine Mutter und mein Bruder mit dem Auto nach Spanien, um dort noch ein paar Angelegenheiten, die meinen Vater betrafen, zu erledigen. Ich bat sie, mit dem Bus oder der Bahn zu fahren, eventuell auch mit dem Flugzeug zu fliegen. Aber meine Mutter bestand darauf, mit dem PKW zu fahren, da sie mit dem Wagen flexibler seien. Meiner Bitte kam sie nicht nach. Allerdings hatte ich immer das Gefühl, es würde etwas Schreckliches passieren. Kurz vor der Rückreise rief mich meine Mutter wieder an, um mir mitzuteilen, dass ich sie morgen wieder zuhause erwarten könne. Ich bat meine Mutter inständig, das Auto stehen zu lassen und mit dem Zug nach Hause zu fahren, denn ich hatte ein ganz ungutes Gefühl. „Wie stellst du dir das denn eigentlich vor? Wir können das Auto doch jetzt nicht in Spanien stehen lassen und bei der Hinfahrt hat auch alles gut geklappt", es würde ihnen schon nichts passieren. Am Tag ihrer Rückreise, ich kann mich noch ganz genau erinnern, war ich total unruhig und bereits in der Nacht quälten mich böse Träume. „Hoffentlich passiert ihnen nichts", war mein erster Gedanke als ich am Morgen wie gerädert aufwachte. Plötzlich erhielt ich den Anruf, auf den ich bereits im Unterbewusstsein gewartet hatte, denn das Gefühl, dass ihnen etwas passieren würde, ließ mich einfach nicht los. Es war die Stimme meiner Mutter, die ganz verzweifelt klang. Sie schilderte mir ganz kurz, dass sie einen schlimmen Autounfall hatten und aus dem Auto herausgeschweißt werden mussten. Mein Bruder hatte zwei Wirbelbrüche und bereits Lähmungserscheinungen im rechten Bein. Sie mussten beide von Frankreich nach Deutschland geflogen werden, denn die Klinik in der sie beide untergebracht waren, hatte nicht die Möglichkeit so eine Operation durchzuführen. Meine Mutter hatte ebenfalls einen Wirbel gebrochen und diverse Rippenbrüche. Es war ein ganz schlimmer Tag für mich. Ich konnte nicht mehr aufhören zu weinen. Ich suchte damals Trost bei Gott und ihrem Schutzengel. Ich habe immer gebetet: „Bitte lieber Gott, bitte nimm mir nun nicht auch noch meinen Bruder und meine Mutter, nachdem Du bereits meinen Vater so früh zu Dir gerufen hast." Dann habe ich ständig zu ihren Schutzengeln gebetet, sie mögen, über sie wachen und beide wieder ganz gesund werden lassen. Ich hätte das sicherlich nicht durchstehen können, wenn den beiden auch noch etwas zugestoßen wäre. Gott hat mich erhört, obwohl beide noch immer an den Unfallfolgen zu leiden haben. Zum Glück habe ich sie nicht verloren und das hat mich sehr glücklich gemacht. Vielleicht war es auch die Kraft der Gebete die dieses Wunder wahr werden ließen.

Ich hatte eine Freundin aus Südafrika bei einem Flugzeugabsturz verloren. Sie und ihr Mann wurden von einem Freund, der ein sehr guter und erfahrener Pilot war, zu einem Rundflug über die Kapregion eingeladen. Meine Freundin weigerte sich, mitzufliegen, wenn nicht die ganze Familie mitfliegen dürfe, war ihr Argument. Aber warum?", meinte ihr Mann, „Der Rundflug dauert ja nicht lange." Und ihre Mutter könne ja so lange auf die Kinder aufpassen. Sie sagte: „Entweder wir fliegen alle zusammen oder niemand. Wenn wir nämlich mit dem Flugzeug abstürzen, haben unsere Kinder keine Eltern mehr." Nach einer längeren Diskussion einigten sie sich darauf, dass sie alle mitfliegen, denn ihr Mann wollte sich das einmalige Erlebnis nicht entgehen lassen.

Es wurde ein sehr trauriger Tag für mich, denn ich musste erfahren, dass ihr Flugzeug an einem Berg zerschellte, die ganze Familie wurde auf einen Schlag ausgelöscht. Hatte sie damals eine Vorahnung? Denn warum wollte sie nicht ohne ihre Kinder fliegen und sagte: „Wenn wir sterben müssen, dann am besten alle zusammen?"

Anna und Peter wollten ihren Eltern zu ihrem 25. Hochzeitstag eine ganz besondere Freude machen. Anna schlug vor, ihnen eine Urlaubsreise zu schenken. Es war eine Pauschalreise und ein paar Tage nach der Feier sollte der Abflug sein. Alles war vorbereitet. Die Eltern standen mit dem Gepäck am Flughafen, es wurde aufgegeben, sie mussten nur noch die Kontrolle passieren und dann saßen sie in der Abflughalle. „Endlich mal wieder richtig ausspannen", sagte ihr Mann, „das wird uns sicher gut tun." Hanna gab keine Antwort, sie wurde immer ruhiger und war überaus nervös. Wenn sie etwas sagte, war es jedes Mal eine negative Aussage. Sie erwähnte ständig, sie hätte so ein komisches Gefühl in der Magengegend. Ihr Mann machte noch Witze und sagte: „Du benimmst dich wie bei einem Jungfernflug, nun beruhige dich mal wieder oder hast du dir etwa den Magen verdorben." Dann wurde ihr Flug aufgerufen und sie wurden aufgefordert, in den Bus zu steigen, der sie zu ihrem Flugzeug bringen sollte. Als sich die Bustür öffnete, wurde Hanna kreidebleich. „Komm Liebes", sagte ihr Mann noch zu ihr. „Nein, ich fliege nicht mit." „Aber das kannst du doch nicht machen! Die Kinder wären sicher sehr böse, wenn sie erfahren, dass wir die Reise gar nicht erst angetreten haben. Es gibt keinen Weg mehr zurück", sagte ihr Mann. Aber Hanna sagte ganz entschlossen: „Nein, ich bleibe hier! Du kannst tun und machen was du willst, aber ich betrete dieses Flugzeug nicht!" „Dann muss ich auch hier bleiben", sagte er nun etwas gereizt. „Wegen deiner Dickköpfigkeit verdirbst du uns die ganze Urlaubsfreude." Aber Hanna blieb dabei, sie stieg wieder in den Bus und fuhr mit ihrem Mann ins Flughafengebäude zurück. „Ich kann mir gut vorstellen das du jetzt böse auf mich bist, aber ich möchte nicht darüber reden, warum ich nicht in dieses Flugzeug einsteigen wollte."

Hanna unterrichte ihre Kinder vom Abbruch der Reise und bat sie um Verständnis für ihre Entscheidung. Als beide am nächsten Tag vor dem Fernseher saßen, um sich die Nachrichten anzuschauen, geschah etwas Erstaunliches. Das Flugzeug, auf dem Hanna und ihr Mann gebucht waren, ist abgestürzt. Es gab keine Überlebenden. Hanna fing an zu weinen und zitterte am ganzen Körper. Ihr Mann nahm sie in die Arme und stammelte immer wieder: „Wie ist das nur möglich, wie ist das nur möglich?" Nachdem sich Hanna wieder etwas beruhigt hatte, erzählte sie ihrem Mann, dass sie ständig die Stimme ihrer Mutter gehört hatte, die sagte: „Hanna, steig da nicht ein, Hanna, geht wieder nachhause." Aber sie hatte nicht gewagt es ihrem Mann zu erzählen. Erst jetzt, nachdem das schreckliche Unglück passiert war, konnte sie darüber sprechen, denn vorher hätte sie sicher jeder für verrückt erklärt. Aber es gibt Kommunikationswege zwischen Himmel und Erde, die nicht abbrechen, solange es Menschen und die Liebe gibt.

Zwei meiner Arbeitskolleginnen mussten mehrmals zu einem Lehrgang nach Straubing. Zu keiner Zeit machten sie auf der Fahrt dorthin eine Kaffeepause, denn das hätte sich nicht gelohnt, da die Anreise viel zu kurz war und sie deshalb viel früher hätten aufstehen müssen und das war ihnen die Tasse Kaffee nicht wert. Aber an diesem Tag war alles anders. „Lass uns doch heute ausnahmsweise mal eine Kaffeepause machen", sagte Daniela. „Wenn es unbedingt sein muss", meinte Nadja „und du glaubst, du brauchst jetzt dringend einen Kaffee, dann machen wir halt eine Pause. Aber wir dürfen nicht lange bleiben, denn sonst kommen wir zu spät zum Unterricht." Im Nachhinein mussten sie beide feststellen, dass diese Kaffeepause ihnen sehr wahrscheinlich das Leben gerettet hatte, denn genau auf dieser Strecke hatte sich ein schwerer Unfall ereignet bei dem einige Menschen ums Leben kamen, genau zu dem Zeitpunkt als sie die Strecke hätten fahren müssen. Hat da etwa der Schutzengel eine Kaffeepause vorgeschlagen, damit sie von diesem Unglück verschont blieben? Egal, nennen wir es Intuition oder Schutzengel, es ist auf jeden Fall etwas passiert, das an diesem Tag anders war als sonst und das hat sie beide vor einem größeren Unglück bewahrt.

Peter ist ein zuverlässiger Busfahrer und bereits viele Jahre bei einem großen renommierten Busunternehmen beschäftigt. Er sollte mit seinem Reisebus und 45 Urlaubern pünktlich um 9:30 Uhr losfahren. Peter ging zu seinem Chef und sagte: „Wir dürfen heute nicht fahren, denn ich hatte einen Traum, dass die Brücke auf der Strecke, die wir immer fahren, einstürzen wird." Peters Chef tobte: „Sind Sie von allen guten Geistern verlassen, schrie er, „wie stellen Sie sich das vor? Die Gäste haben die Reise gebucht und möchten auch pünktlich und zuverlässig befördert werden und Sie erzählen mir etwas von einem Traum. Für wie dumm halten Sie mich denn an Ihre Träume zu glauben?" „Ich kann nicht losfahren," sagte Peter, denn die Fahrgäste werden verletzt und einige müssen sterben, dass kann ich mit meinem Gewissen nicht verantworten." „Gut, wenn Sie meinen, ich werde Ihren Kollegen die Fahrt machen lassen und Sie sind fristlos entlassen wegen Arbeitsverweigerung oder besser gesagt, Sie müssen verrückt sein und solchen Leuten wie Ihnen kann ich meine Fahrgäste nicht anvertrauen." Peters Kollege Mike sollte nun den Bus fahren. Aber den musste man erst mal erreichen. Die Busreisenden wurden schon unruhig, denn alle waren vollzählig, aber die Fahrt ging einfach nicht los, sie beschimpften den Veranstalter. „Bitte beruhigen Sie sich, wir benötigen einen Aushilfsfahrer, denn unserem Busfahrer geht es heute nicht gut und ich möchte nicht, dass Sie dadurch in Gefahr gebracht werden. Der andere Fahrer wird gleich hier eintreffen."

Mit zwei Stunden Verspätung verließ der Bus nun das Depot. Im Radio hörte der Busfahrer dass man eine Ausweichstrecke nehmen sollte, denn bei einem Erdbeben sei eine Brücke eingestürzt. Und tatsächlich, die Brücke stürzte genau zu dem Zeitpunkt ein, als der Bus, wenn er pünktlich weggefahren wäre, auf der Brücke hätte ankommen müssen. Peter wurde wieder eingestellt und sein Chef entschuldigte sich mit einer Gehaltserhöhung bei ihm.

Wie können sich die Verstorbenen bei uns bemerkbar machen?

Mein letztes Erlebnis, als sich mein verstorbener Vater bei mir bemerkbar machte, ist noch nicht lange her. Es war so wunderbar, dass ich an diesem Tag ständig weinen musste, aber nicht vor lauter Unglück sondern vor Freude. Ich war gerade im Begriff, eine Sendung von Jürgen Fliege im Fernsehen anzuschauen. Der Zufall wollte es, dass ich dieses Programm einschaltete, denn ich hatte mich vorher nicht informiert. Es ging um das Thema „Nähe zu den Verstorbenen." Die Sendung beeindruckte mich sehr und ich hoffte, dabei nicht gestört zu werden. Genau in dem Moment, als ein Medium aus der Schweiz einem Gast in der Sendung Grüße von dessen verstorbenem Vater ausrichtete (in Bayrisch), klingelte bei mir das Handy. Es war ein Rauschen in der Leitung und ich hörte die Stimme meines Vaters, er sagte: „Ich bin`s!" Das Rauschen ging weiter und wurde dann abrupt abgebrochen. Plötzlich klingelte das Telefon wieder und sichtlich verärgert, sagte mein Freund:

„Wer war denn dieser Kerl am Telefon?" Er hatte es auch gehört. Nun konnte ich mich nicht mehr beherrschen, ich musste einfach weinen. Am Tag zuvor hatte auch mein Telefon geklingelt und es war wieder das ständige Rauschen da und dann ein abruptes Abbrechen der Verbindung. Das bedeutet, dass die Verstorbenen auch in der Lage sind, sich bei uns über das Telefon zu melden. Durch die Mobiltelefone ist es sicher auch einfacher geworden.

Heute ist der 06.10.2004, es ist der Geburtstag meines Vaters. Beim Aufstehen heute Morgen galt mein erster Gedanke meinem Vater. Er wäre heute 80 Jahre alt geworden und seit Tagen sprach ich nur über ihn und war gedanklich sehr mit ihm beschäftigt. Als ich mit meinem Bruder telefonierte, wollte ich wissen, ob er auch Blumen auf sein Grab legen würde. Gedanklich gratulierte ich meinem Vater zu seinem Geburtstag und wünschte ihm alles, alles Gute, wo immer er sich auch jetzt aufhalten möge. Ich hatte diese Gedanken gerade zu Ende gedacht, als in dem Raum, in dem ich mich aufhielt, die Glühbirne unaufhörlich flackerte. Es war wie ein kleines Feuerwerk. Ich dachte: „Wenn die Glühbirne jetzt nicht kaputt ist, dann war es mein Vater, der sich für die Glückwünsche bei mir bedankte." Die Glühbirne funktioniert noch, das heißt, dass der Geburtstagsgruß bei meinem Vater angekommen ist. Das war die Art und Weise, wie er sich bei mir dafür bedankte. Nun frage ich mich, ist es möglich durch die Kraft der Gedanken die Seelen der Verstorbenen zu uns zu rufen? Wenn ich darüber nachdenke, muss ich sagen, dass ich mittlerweile daran glaube, denn immer, wenn ich ganz intensiv an meinen Vater dachte, spürte ich seine Anwesenheit in Form von einem Luftzug, dem Flackern der Glühbirne oder auch durch Berührung.

Verstorbenen-Seelen melden sich bei uns:

übers Telefon, Geräusche auf dem Anrufbeantworter, der Fernseher geht an und aus oder wir können sie schemenhaft im Fernsehen oder Computer sehen.

Wir können Sie hören:

im Radio, auf CDs oder Kassettenrekordern, im Traum.

Wir können Sie fühlen:

durch einen Luftzug, durch Empfindungen, durch Nähe, ein Kribbeln am Körper (sie streicheln uns), durch Wärme (sie umarmen uns), durch ein Glücksgefühl, man glaubt, man würde von jemandem berührt, auch wenn wir weinen können wir sie fühlen.

Wir können Sie riechen:

ihr Parfum, Rosenduft, Blumen, Weihrauch, der süßliche Duft von Backwaren, Tabakrauch, Essen.

Sie schicken Tiere, die uns trösten:

Jedes Jahr ab Frühjahr lebt ein Schmetterling bei meiner Mutter im Schlafzimmer, sie darf ihn sogar streicheln, er fliegt ganz selten weg. Er ist da, seit dem Tod ihres Lebensgefährten, er wohnt über dem leeren Bett, in dem er immer geschlafen hat. Es muss nicht unbedingt ein Schmetterling sein, aber diese Art des sich Bemerkbarmachens ist durch einen Schmetterling am wahrscheinlichsten.

Verstorbenen-Seelen machen sich sichtbar:

Sie können den Verstorbenen sehen, als wäre er noch am Leben. Es kann im Wachzustand oder im Traum passieren. Er übermittelt Ihnen Nachrichten, oder spendet Ihnen Trost. Die Ratschläge können auch im Traum zum Ausdruck kommen. Wie oft sagten Sie: „Ich habe eine gute Idee!" Diese Gedanken können Ihnen von Ihrem Schutzgeist - Schutzengel - oder einem Verstorbenen übermittelt worden sein. Durch diese oftmals spontane und unerklärliche Idee kommen Sie Ihrem Ziel (ohne große Mühe) viel schneller näher.

Verstorbenen-Seelen reden mit uns durch das Licht:

Eine sehr häufige Form der Kontaktaufnahme ist, dass sich der Verstorbene mit Ihnen über das Licht zu erkennen gibt. Glühbirnen, obwohl sie nicht defekt sind, beginnen an- und auszugehen, wenn sich der Verstorbene bei Ihnen im Raum aufhält. Sie können richtig mit ihm kommunizieren, wie es bei mir und meinem Vater oft der Fall ist. Das Fernsehen kann an- und ausgehen oder es wird ohne unser Zutun lauter.

Die Verstorbenen-Seelen sprechen mit uns durch ein Medium:

Um Ihnen meine eigenen Wahrnehmungen weiterzugeben, habe ich, speziell um dieses Buch zu schreiben, ein Medium aufgesucht. Die Erfahrung war verblüffend und bestätigte mir, wie richtig dieses Buch ist, das ich geschrieben habe.

Mein Besuch bei einem Medium

Meine Devise ist, man soll nie über etwas schreiben, was man nicht selbst erlebt hat oder nicht kennt. Deshalb war es für mich wichtig, ein Medium aufzusuchen um herauszufinden, ob es Quacksalber sind oder an dieser Fähigkeit tatsächlich etwas dran ist. Ich machte dabei eine erstaunliche Feststellung.

Eine Frau aus unserem Ort hat kurz hintereinander ihren Mann durch einen Flugzeugabsturz (er war Pilot) und ihre Tochter durch einen Sekundentod verloren. Das Mädchen war erst 19 Jahre alt und vorher noch nie krank. Die Frau war verzweifelt und in ihrem Schmerz ging sie zu einem Medium. Eine Nachbarin berichtete mir von ihrem Kummer und ich wollte diese Frau unbedingt kennen lernen.

Bei unserem ersten Treffen war sie mir sofort sympathisch. Sofort konnte ich spüren, dass wir das Gleiche dachten und fühlten. Sie erzählte mir, wie ihre Tochter Andrea kurz vor ihrem Tod zu ihr ins Wohnzimmer kam und sagte: „Mama, ich kann es nicht einordnen, aber ich werde in der letzten Zeit oft umarmt, ich glaube ich muss sterben." Dieses Phänomen geschah bis zum Zeitpunkt ihres Todes, sie spürte ständig, dass sie umarmt wurde, es war aber niemand zu sehen. Andrea beschäftigte diese Tatsache so sehr, dass sie sogar einem Schulkameraden davon berichtete. Sie hatte das Gefühl, es war ihr Vater, der einige Jahre zuvor bei einem Unfall ums Leben gekommen war und sie nun zu sich holen möchte.

Ein paar Tage vor dem Tod ihrer Tochter ging die Frau an einem wunderschönen, sonnigen Tag spazieren und traf zufällig die Mutter von Andreas bester Freundin. Bei diesem Gespräch sagte sie zu ihr: „An so einem schönen Tag stirbt man nicht." War dies bereits eine Vorahnung die in ihrem Unterbewusstsein vorhanden war? Und wurde Andrea bereits aus dem Jenseits auf ihren Tod vorbereitet? Andrea hörte nicht mehr auf, von ihrem eigenen Tod zu reden, dieses Thema beschäftigte sie täglich. Als sie sonntags mit ihrer Familie beim Frühstück saß, sagte sie zu ihnen: „Was würdet ihr tun, wenn ich sterben würde?" Die Mutter antwortete: „Warum solltest du sterben, du bist weder krank noch verletzt?" Niemand wollte mit diesem Thema etwas zu tun haben. Vor allem litt ihre Mutter unter diesen Gesprächen. Aber Andrea gab nicht auf und sagte zu ihrem Bruder: „Und wenn ich sterbe, wirst du alles erben." Die Gespräche, die Andrea kurz vor ihrem Tod führte, gaben der ganzen Familie das Gefühl, dass Andrea genau wusste, dass sie sterben würde. Sie sind sich sicher, die Jenseitigen haben sie langsam auf ihren Tod vorbereitet. Wir glauben immer, wir können den Sterbenden verheimlichen, das sie sterben müssen. Wir täuschen uns, sie wissen mehr als wir, auch wenn sie uns nicht das Gefühl geben wollen, dass sie uns bald verlassen müssen.

Morgens fand man Andrea tot in ihrem Bett. Trotz Reanimation konnte sie nicht mehr ins Leben zurück geholt werden. Mutter und Tochter haben noch immer eine sehr starke und enge Bindung. Sie tauschen ihre Gedanken und Gefühle mit Hilfe eines Mediums aus. Obwohl sie räumlich getrennt sind, ist das Band der Liebe zwischen den beiden nicht durchtrennt worden. Es wird noch eine Weile dauern, bis sie wieder zusammen kommen, aber dann für immer. Und zwar mit einer Liebe die es nur zwischen Mutter und Kind gibt. Es ist eine ganz besondere Liebe, denn dieses Kind ist im Körper der Mutter herangewachsen und das kann ich als Mutter sagen, ist etwas ganz Besonderes. Nichts und niemand kann diese Liebe zerstören, auch nicht der Tod.

Die Mutter von Andrea erzählte mir, was sie bereits Schönes mit ihrer Tochter und deren Vater mit Hilfe eines Mediums erfahren hatte. Ich durfte mir die Kassetten anhören und diese waren sehr beeindruckend.

Das Medium zu dem sie immer geht, ist bereits im Fernsehen aufgetreten und hatte nur wenige Termine frei. Es gelang mir dann, für Mitte Juni 2004 einen Termin zu bekommen. Was mich überraschte: ich war überhaupt nicht ängstlich oder aufgeregt. Ich hatte einfach nur ein Gefühl der Freude in mir, als wenn ich nach einem langen Urlaub wieder nachhause käme. So fühlte ich mich an diesem Tag. Das Medium führte mich in einen kleinen Raum, sie sprach ein Gebet und erzählte mir vollkommen flüssig von meinen Schutzgeistern. Ein Tonband lief die ganze Zeit mit, sodass ich die Möglichkeit hatte, mir zuhause alles wieder genau anhören zu können. Die Sitzung dauerte über eine Stunde und die Schutzgeister berichteten ihr, sie hätten mir bereits mehrere Bücher geschenkt und auch dieses Buch sei mir von ihnen gegeben worden. Sie fragte mich, ob ich damit etwas anfangen könne.

Ich erzählte ihr dann, dass ich bereits mehrere Bücher geschrieben hätte und ich habe mich bei jedem Buch gewundert, wie schnell und flüssig alles vonstatten ging, ich musste nie viel nachdenken. Wie man ein Gespräch führt, so konnte ich den Text in den Computer schreiben. Meine Bücher waren immer innerhalb von drei Monaten fertig, obwohl ich berufstätig bin. Sie sagten ihr, dass sie sich sehr oft mit mir in Verbindung setzen, ob mir dies bereits aufgefallen sei? Außerdem hätte ich sie auf der anderen Seite bereits mehrfach besucht.

Ich kann mich da an einen Morgen erinnern, als ich durch einen engelsgleichen Gesang wach wurde. Aber komischerweise sang ich selbst, ein Lied, das ich noch nie gehört hatte und mit einer so lieblichen Stimme, die einzigartig war. Aber als ich durch meinen eigenen Gesang aufwachte, wusste ich, dass ich vorher woanders war und mich ganz viele Chöre begleitet hatten. An mehr konnte ich mich nicht erinnern und der ganze Rest war wie ausgelöscht. Oftmals passiert es mir auch, dass ich in einer anderen Sprache im Schlaf rede. Dies hat mir mein Lebensgefährte erzählt: „Wo warst du denn schon wieder im Schlaf, denn du hast die ganze Zeit nur Englisch geredet?"

Meine Schutzgeister erzählten ihr auch, dass ich kein sehr schönes und auch ein sehr schweres Leben hatte, aber das würde in den nächsten Jahren etwas einfacher für mich werden. Sie sagten, die ganze Last würde immer alleine auf meiner Schulter ruhen. Ich sollte das Leben nicht mehr so ernst nehmen, sondern es mit einer Leichtigkeit leben. Sie sagten dem Medium etwas von Bildern in meinem neuen Buch. *Ich konnte in dem Moment nichts damit anfangen.* „Doch, denken Sie einmal nach", sagte das Medium, „da sind Bilder in Ihrem Buch." *„Aber ich kann doch gar nicht malen", sagte ich zu ihr.* Das Medium sagte wieder, „jetzt denken Sie mal nach! Die Schutzgeister lassen nicht davon ab, sie erzählen mir immer wieder etwas von Bildern in Ihrem neuen Buch."

Jetzt fiel mir das Ganze wieder ein. Zwei Tage vorher hatte mich meine Tochter angerufen und mir mitgeteilt, dass sie jemanden kenne, der wunderbare Engelbilder malen kann, ob er mit mir Kontakt aufnehmen soll und sie hätte ihm gesagt, dass sie mich bitten werde, seine Bilder in meinem Buch zu veröffentlichen, weil sie so schön sind.

Die Schutzgeister sagten dem Medium, dass sich dieser Mensch bald mit mir in Verbindung setzen würde. Mein Schutzgeist sagte ihr, dass ich heilende Hände hätte und ich solle diese Gabe Gottes doch häufiger anwenden. In dem Moment als sie das sagte, fingen meine Hände an zu kribbeln, als wären sie voller Stecknadeln und die Fingerkuppen wurden ganz heiß, so etwas Seltsames hatte ich noch nie erlebt. Sie fragte mich: „Wussten Sie das?"

Daraufhin sagte ich ihr, dass es immer in meinem Interesse war, anderen Menschen zu helfen und dass ich die Heilpraktikerschule besucht hätte. Sie wusste all dies vorher nicht. Auch die Dame, die mir das Medium empfohlen hatte, wusste nichts über mich.

Einer meiner Schutzgeister teilte ihr mit, dass ich noch etwas sehr Großes zu verzeihen hätte. Die ganze Sache sei für mich noch immer nicht ausgestanden. Es ginge dabei um einen Erdenbürger.

Ich musste nicht lange überlegen, denn ich wusste ganz genau, wem ich noch nicht verziehen habe und weshalb. Es war mein Lebensgefährte, der mich mehrfach mit anderen Frauen betrogen hatte.

Mein Schutzgeist sagte, dass ich ihm verzeihen solle um meinen Frieden zu finden, denn es läge nicht an mir, ich hätte in der Beziehung nichts falsch gemacht. Es sei sein Karma, seine Seele sei noch lange nicht so weit entwickelt wie die meinige und seine eigene Unsicherheit sei sehr groß. Ich solle ihm verzeihen oder ihn verlassen, falls ich ihm nicht mehr verzeihen könne. Wenn ich nicht mehr verzeihen kann, sei das Fundament unserer Beziehung hohl und ginge letztendlich ganz kaputt.

Von diesem Tag an hatte ich keinerlei Bedenken mehr, wenn er nachts arbeiten musste, ich wollte auch gar nicht mehr genau wissen, wo er war und mit wem. Ich hatte tatsächlich wieder meinen Frieden gefunden. Die Tatsache, dass er seinen und ich meinen Weg gehen muss und dass alles Bestimmung ist, wurde mir dadurch sehr deutlich gesagt.

Ich bat sie nun, mit meinem Vater Kontakt aufzunehmen. „Was möchten Sie von ihm wissen?" „Ich möchte wissen, wie er gestorben ist."

„Er will es mir nicht sagen", gab sie mir zur Antwort. „Er war während der ganzen Sitzung anwesend", sagte sie. Allerdings habe sie noch nie jemanden gesehen, der ständig seine Hände anschaut und sagt: „Diese Hände sind jetzt rein. Jetzt kann ich meine Hände wieder anschauen. Sie sind wieder rein." Sie fragte mich: „Warum sagt er das?"
Ich sagte, „Vielleicht, weil er meine Mutter früher mit diesen Händen geschlagen hat." „Das stimmt, aber Sie hat er nie geschlagen", sagt mir Ihr Vater. *Das stimmte, gegen mich hat er nie die Hand gehoben.* Er sagte, er hätte immer ein ganz inniges Verhältnis zu Ihnen.

Ich sagte ihr, dass ich sehr wütend auf ihn war, weil er uns verlassen hat, als ich erst 5 Jahre alt war und dass ich ihm das lange nicht verzeihen konnte.

Er aber sagte: „Das ist meine Tochter, sie weiß immer was sie will, sie war schon damals als Kind vernünftiger als ich." „Ich habe damals viel falsch gemacht", sagte er, „aber ich wusste es nicht besser." Außerdem hätten sich ihm im Leben so viele Möglichkeiten geboten, er sei zweigeteilt gewesen, jetzt wüsste er es besser und die erste Zeit im Jenseits sei sehr schwer für ihn gewesen, weil er mit dieser Schuld leben musste. Und er schaute sich wieder auf die Hände und sagte: „diese Hände sind jetzt rein." *Sie sagte:* „Ihr Vater ist ein sehr schöner Mann", er aber widerspricht. „Sie haben graugrüne Augen, aber er hat blaue Augen. Er zeigt mir, dass Sie besonders um die Augen- und Mundpartie ihm sehr ähnlich sind."

Das stimmte alles. „Was für ein Fest feiern Sie im Monat Juli?" Er sagt mir, dass da ein besonderer Tag ist und er möchte Ihnen deshalb einen Blumenstrauß schenken.

Im Juli ist mein Geburtstag und dies war der Moment, als ich in Tränen ausbrach.

Sie beschrieb den Strauß. Er sagte: „Sie lieben Mohnblumen, eigentlich alle Blumen die wild wachsen."

Und ich wollte noch am Tag zuvor Mohnblumen in meinem Garten pflanzen. Gibt es so viele Zufälle?

Der Strauß sei mit einer Samtschleife zusammen gehalten und duftet wunderbar und er hätte diesen Strauß als Geburtstagsgeschenk auf meinen Schoß gelegt. Auf der Schleife befinden sich kleine Sterne. Er bittet mich auf meinem weiteren Lebensweg die Diamanten aufzuheben, die auf meinem Weg liegen. Er würde mich sehr lieben und mich jetzt durch die Augen des Mediums, mit seinen Augen anschauen und von einer höheren Ebene segnen lassen.

In diesem Moment erstarrte der Blick des Mediums und ich war von einem Gefühl der Liebe erfüllt.

Als ich nachhause kam steckte ich die Kassette in den Kassettenrekorder und hörte mir das Ganze noch einmal an. In dem Moment, als die Stelle mit den Bildern kam, klingelte plötzlich bei mir das Telefon und als ich abhob, meldete sich ein junger Mann, der sagte: „Ich rufe an wegen der Engelbilder, die ich für Sie malen soll. Können wir vielleicht einen Termin ausmachen?"

Am nächsten Tag kam er mit seiner Bildermappe vorbei. Seine Bilder waren sehr schön und ich entschloss mich, diese mit in das Buch aufzunehmen. Er wollte mir allerdings für das Buch ein anderes Bild malen. Als ich ihn fragte, ob er weiß was ich möchte, sagte er: „Keine Angst, ich werde inspiriert. Ich male Bilder und weiß oftmals nicht, woher die Gedanken kommen."

Monate später kam er mit dem gemalten Bild bei mir vorbei. Es hat mir sehr gut gefallen, aber ich bat ihn einige Korrekturen vorzunehmen, denn der Engel, den ich gesehen hatte, war so überwältigend schön, dass ich der Meinung war, er müsse genau so aussehen. Aber das war sicher zu viel verlangt. Der Künstler war daraufhin so enttäuscht, dass er mir mitteilte er werde seine Inspiration nicht verändern und nahm seine Bilder wieder mit.

Sehr lange machte ich mir Vorwürfe, weil ich ihn mit der Aussage das Bild zu verändern sehr verletzt hatte. Aber der Gedanke mit den Bildern im Buch ließ mir keine Ruhe. Meinen Engel bat ich daraufhin, mir mitzuteilen, warum es zu diesem Bruch gekommen war. Er solle mir doch bitte sagen, was die richtige Lösung sei. Plötzlich wachte ich nachts auf und sagte: „Jetzt weiß ich was zu tun ist: Kinder sollen die Engel malen." Am nächsten Tag fragte ich im Kindergarten nach, ob die Kinder mir Engel malen möchten? Die Leiterin war sofort damit einverstanden und ganz diszipliniert waren die Kinder bei der Sache, mir ihren Engel zu malen. Außerdem war es kurz vor Weihnachten und passte zum Thema. Wer könnte näher bei seinem Engel sein als ein Kind? War es das, was von mir gewünscht wurde?

Hatte ich die Botschaft zuerst falsch verstanden und musste es deshalb zu dem Bruch kommen? Die Kinder, die mir ihren Engel malten, waren 3 bis 5 Jahre alt.

So sehen Kinder ihren Engel

Nathalie Toussaint, 10 Jahre

Außerdem ließ mich der Gedanke nicht los, in die Basilika nach Ottobeuren zu müssen, denn ich hatte das Gefühl, dort würde ich meinen Engel finden. Ich bat meinen Freund mich zu fahren. Ich nahm meine Digitalkamera mit und mein erster Weg führte in den Klosterladen. Dort studierte ich alle Postkarten, die dort ausgestellt waren und wurde fündig. Ich kaufte zwei sehr schöne Postkarten, auf der einen war der Erzengel Michael und auf der anderen war der Engel Raffael mit einem kleinen Jungen. Dann kaufte ich noch 20 Medaillen von der Mutter Gottes. Diese wollte ich an Menschen verschenken, bei denen ich mir ganz sicher war, dass sie mich nicht besonders mögen oder krank sind und Hilfe brauchen. Dann zog ich mit meiner Kamera durch die Basilika von Ottobeuren und versuchte, den Engel zu finden, der meinem Engel am ähnlichsten war. Aber es waren alles nur kleine Putten, welche für die Titelseite des Buches nicht in Frage kamen. Ich steckte noch drei Kerzen an für die Verstorbenen und betete für sie. Ich bat auch meinen Schutzengel, mir den richtigen Engel für mein Buch zu schicken. Aber insgeheim fand ich die Idee absurd, denn ich habe keine Engel gesehen, die ich hätte fotografieren können. Enttäuscht verließ ich die Basilika und wir gingen in ein Café. Aber ich wurde von einer ständigen Unruhe gequält und ich sagte zu meinem Freund: „Ich muss wieder in die Kirche, ich habe das komische Gefühl, ich habe etwas übersehen!" Also ging ich wieder alleine in die Kirche zurück und auf einmal sah ich eine Treppe, die mich wie magisch anzog, ich musste sie einfach hochgehen. Jetzt sah ich sie, all die Engel, die ich mir vorher immer gewünscht hatte zu sehen, ich war ganz aufgeregt. Es waren riesengroße Engelstatuen u.a. Engel Michael, Engel Raffael und Engel Gabriel, sowie der heilige Antonius von Padua, dessen Amulett ich immer trage, denn ich verehre ihn und seine Güte. Ich war begeistert. Nun hatte ich endlich das gefunden, nach dem ich so lange gesucht hatte! Meine Engel! Engel Michael sollte gerade restauriert werden und war durch ein Gerüst verdeckt. Engel Raffael wurde von mir nur einmal fotografiert, denn er war relativ weit weg. Nur von Engel Gabriel konnte ich sehr schöne Bilder machen. Aber ich hatte ja auch noch die Postkarten, dachte ich. Vor allem die Karte von Engel Raffael hatte mir sehr gut gefallen. Wieder zuhause, schaute ich mir die Bilder zuerst auf der Kamera an, bevor ich diese auf den Computer überspielte. Ich bewunderte das Foto von Engel Raffael mit dem Kind und hatte mich für dieses Foto entschieden, obwohl ich nur ein Bild von ihm hatte und die gekaufte Postkarte, aber das Bild, das ich gemacht hatte, war sehr gut gelungen. Als ich die Bilder dann überspielte, blieb das Bild von Engel Raffael verschwunden. Ich hatte es aber doch vor ein paar Minuten auf der Kamera angeschaut. Ich konnte die Welt nicht mehr verstehen. Nun war das schöne Bild, das ich als Titelbild nehmen wollte, verschwunden. Aber das ist nicht so schlimm, dachte ich, denn ich hatte ja noch die zwei Postkarten. Wenn ich Ihnen jetzt sage, dass diese Postkarten auf einmal auch verschwunden waren, dann dürfen Sie mir das glauben. Die Postkarten blieben unauffindbar. Ich suchte und suchte und ich fand nichts! Am Abend schickte ich das Foto mit dem Engel Gabriel an meine E-Mail-Adresse im Büro. Ich hatte vor, meine Arbeitskollegen zu fragen, wie ihnen das Bild gefiel. Ich erzählte ihnen auch von der Postkarte, die ich aber gerade nicht mehr finden könne. Ihnen gefiel das Bild mit dem Engel Gabriel sehr gut und nun war ich mir nicht mehr so sicher, welches Bild auf die Titelseite sollte, Raffael oder Gabriel? Die Entscheidung, was auf die Titelseite kommen sollte, fällte dann der Engel Gabriel.

Als ich dann zwei Tage später zu Arbeitsbeginn meinen Computer anschaltete, wunderte ich mich, warum die Übertragungszeit heute so lange in Anspruch nahm. Ich bekam eine E-Mail. Als ich die E-Mail öffnete, war ich überwältigt, es war wieder das Foto von dem Engel Gabriel, dass ich doch bereits vor zwei Tagen bekommen hatte. Aber ich hatte das Bild nur einmal verschickt und außer mir geht niemand an meinen Computer. Das musste von einer höheren Macht ausgegangen sein. Nun wusste ich genau, was zu tun war. Die Jenseitigen beeinflussen und lenken uns mehr als wir wahrhaben möchten. Dieser wunderbare Engel kam dem Engel, den ich gesehen hatte, am nächsten. Es war wie ein kleines Wunder, als ich ihn in der Basilika in Ottobeuren sah, zumal ich bereits so oft in dieser wunderschönen Kirche war und diese Engel noch nie gesehen hatte. Was mich auch sehr berührte, war die Tatsache, dass das Foto, mit dem Engel Raffael welches ich in der Basilika gekauft hatte, für mich zwei Wochen lang unauffindbar war. Ich wollte mich zuerst für Engel Raffael mit dem Kind entscheiden. Erst als ich zu Engel Gabriel sagte, er solle mich doch nun wieder die Postkarten finden lassen, denn ich hätte seine Botschaft verstanden, fand ich diese sofort. Meine Freundin Simone, die das Ganze miterlebt hatte, wurde kalkweiß und staunte über die Art und Weise, wie uns die Engel bei unseren Entscheidungen unterstützen und helfen das Richtige zu tun.

Eigentlich war ich der Meinung das die Angelegenheit nun abgeschlossen sei. Aber wieder bekam ich Hilfe von oben. Als ich so vor dem Fernseher saß, machte ich mir wieder Gedanken, wie man den Hintergrund des Bildes gestalten könnte. Plötzlich verschwand das Fernsehprogramm und ich sah einen feuerroten Himmel vermischt mit schwarz und etwas orange. Genau wie Sie es jetzt auf dem Umschlag des Buches sehen können. Alles wurde von mir nach den Anweisungen des Himmels gestaltet.

Der Mensch denkt und Gott lenkt, passt wunderbar zu dieser ganzen Situation. Dazu kommt, dass ich in meinem Buch über den Engel Gabriel geschrieben habe.

Engel Gabriel

Engel Raphael

Antonius von Padua

Gruppensitzung bei einem Medium

Ich erzählte meiner Freundin Petra, dass ich erfahren hatte, dass ein anderes bekanntes Medium aus Augsburg in Kürze ein Seminar in unserer Nähe abhalten würde. Sie war ganz begeistert und bat mich, uns beide dort anzumelden. Petra hat ihre verstorbene Großmutter sehr geliebt und hoffte immer, mit ihr Kontakt aufnehmen zu können. Wir hatten Glück, dass wir noch so kurzfristig einen Termin für das Treffen mit dem Medium bekamen, denn es war bereits hoffnungslos ausgebucht.

Wir erschienen pünktlich zum vereinbarten Termin und mussten feststellen, dass 30 Leute auf das Medium warteten. Bis auf vier Männer waren nur Frauen da. Ich kann immer spüren, wenn Menschen (auch wenn ich sie nicht kenne) in Not sind und sagte zu meiner Freundin: „Die Dame", ich beschrieb sie ihr, „hat ein sehr schweres Leben und ganz viele Probleme." Ich sagte zu meinem Schutzgeist: „Bitte sorge Du dafür, dass ihr heute während dieser Sitzung Trost wiederfährt, sie braucht ganz dringend die ganze Kraft aus dem Jenseits." Dieser Wunsch und der Wunsch, dass meine Freundin Petra Kontakt mit der Seele ihrer Großmutter bekäme, beherrschte mein ganzes Denken an diesem Abend. Immer wieder schickte ich dafür ein kleines Gebet nach oben.

Als John, das Medium, mit der Gruppensitzung anfing, teilte er uns zuerst mit, wie er ein Medium wurde. Er hatte studiert und einen sehr gut bezahlten Beruf als Manager in der Telekommunikations-Industrie. Für ihn begann alles an dem Tag, als er bei der Großmutter seiner Frau zum Kaffee eingeladen war und diese ihn bat, eine Glühbirne auszuwechseln. Als er damit anfangen wollte, erschien ihm der bereits verstorbene Mann der Großmutter und warnte ihn mit den Worten: „Tu das nicht, das ist gefährlich, es ist nicht das, was du denkst." Er nahm das Ganze sofort sehr ernst und sagte der Großmutter, sie müsse unbedingt jemanden kommen lassen, der die Lampe repariert, denn es sei ein größeres Problem, das er nicht beheben könne. Sie dürfe aber auf keinen Fall die Lampe anfassen. Als das Wochenende vorüber war, kam ein Elektriker um die Lampe zu reparieren, er sagte: „Zum Glück sind Sie nicht an die Lampe gekommen, denn das hätte Ihr Tod sein können." Er berichtete das Erlebte seiner Frau, aber diese tat das Ganze als Spinnerei ab. Es war jedoch nicht seine letzte Erscheinung. Jedoch änderte sich alles, als sie beide gemeinsam in Nord Wales auf der Insel Anglesey eine Spiritualisten-Schule besuchten, (diese glauben an Gott) (Spiritisten betrachten Medialität als naturwissenschaftliches Phänomen) wo er zum Medium ausgebildet wurde. Das war komischerweise die Idee seiner Frau, die Schule zu besuchen. Heute ist John ein sehr bekanntes Medium. Ich kann nur sagen, dass diese Sitzung bei ihm für alle Beteiligten sehr beeindruckend war. Etwas von dem Erlebten möchte ich an Sie weitergeben.

Nachdem er sich uns vorgestellt hatte, wollte er Kontakt mit den Verstorbenen aufnehmen oder besser gesagt, die Seelen der Verstorbenen waren da, um Kontakt mit uns aufzunehmen. Die Seelen kann man nicht bestellen, sie sind da und wollen sich uns mitteilen, aber man kann ihnen nicht befehlen, zu kommen.

Während dieser Sitzung habe ich so viele Menschen weinen sehen, auch Männer, dass ich mir nachträglich ganz sicher bin, dass dies kein Hokuspokus war.

John ging auf einen jungen Mann zu und sagte: „Hier ist jemand, der mit dir Kontakt aufnehmen möchte. Es ist ein großer, sehr kräftiger Mann und er ist schon lange tot. Er sieht dir sehr ähnlich und er möchte sich bei dir entschuldigen, denn er sagt, dass er kein sehr guter Vater war. Er sei viel zu streng gewesen und hätte der ganzen Familie viel Unrecht getan und großes Leid über euch gebracht. Er war immer der Meinung, er würde mit seiner Strenge das Richtige tun. Er sei ganz schnell auf der Straße gestorben, man konnte ihm nicht mehr helfen, er zeigt mir dabei auf sein Herz."

Der junge Mann bestätigte, dass sein Vater sehr streng war, bereits sehr lange tot sei und auf der Straße einem Herzanfall erlegen ist. Auch die Beschreibung des Mediums treffe ganz genau auf seinen Vater zu.

Der junge Mann fragte John, ob noch jemand bei seinem Vater sei. John sagte: „Ja ich kann einen Hund erkennen, einen ganz lebhaften Hund, er legt sich auf den Rücken, als ob er gekrault werden möchte." Sein Vater entschuldigt sich bei ihm für seine Fehler und sagte, dass er sehr, sehr stolz auf ihn sei und dass er dies erst, seit er im Jenseits ist, erfahren habe.

Der junge Mann (ich kannte ihn nicht), fing an zu weinen. Es war das erste Mal, dass ich einen Mann sah, der so gerührt war wie er in diesem Moment. Aber er brauchte sich seiner Tränen nicht zu schämen, denn auch ich weinte mit ihm und viele andere, die der Sitzung beiwohnten.

Der Zufall wollte es, dass ich ganz genau hinter der Frau saß, die meines Erachtens eine sehr arme, unglückliche Seele war. Ich bat sogar meinen Vater, doch jemanden zu schicken, der diese Frau trösten würde. Meine ganzen Gedanken und meine Energie brachte ich dafür auf, und betete gleichzeitig, dass doch auch die Omi von Petra kommen solle. Bei mir sei dies nicht nötig, denn ich habe ja bereits so viele glückliche Erfahrungen machen dürfen und ich wünschte mir das auch für meine Freundin und die Frau, die so einen unglücklichen Eindruck auf mich machte.

John ging zur Gastgeberin und sagte: „Dein Vater ist hier und will unbedingt mit dir Kontakt aufnehmen. Er erzählt mir gerade, dass er immer schlecht Luft bekommen habe. Dabei äußerte er, dass er dich im Stich gelassen hätte und ins Ausland gegangen sei."

Tanja bestätigte, dass er unter Asthma litt und Probleme mit den Bronchien hatte. Auch das mit dem Ausland hatte seine Richtigkeit. Aber sie sei ihm nicht mehr böse, denn ihr Leben hätte sich ja zum Positiven verändert. Es hätte sicher so sein sollen.

Plötzlich kam John in unsere Richtung und sagte: „Hier ist ein ganz junger Mann, sehr zart und feingliedrig gebaut und er möchte Kontakt mit seiner Schwester aufnehmen." Die Frau vor mir nahm zunächst gar nicht wahr, dass sie gemeint war. „Hast Du einen Bruder, der sehr jung verstorben ist?", wollte John von ihr wissen.

„Ja", sagte sie, „er war 22 Jahre alt, als er verstarb."

John sagte: „Er bedankt sich bei dir, für die vielen Gespräche die du bis spät in die Nacht mit ihm geführt hast. Sie haben ihm sehr viel geholfen. Er sagt, er wollte eigentlich nicht sterben, sondern nur schlafen. Er fühlte sich sehr müde."

Petra und ich sahen uns beide an und wussten instinktiv ganz genau, dass er an einer Überdosis Drogen gestorben sein musste.

Die Verstorbenen versuchen einen Angehörigen in der Öffentlichkeit niemals bloßzustellen, deshalb sagte er auch nur, er wollte schlafen.

Daraufhin wurde seine Schwester hellhörig und wollte wissen, wer ihm dieses Zeug gegeben hatte. John fragte ihn und dieser sagte: „Thomas!"

„*Das habe ich bereits vermutet*", sagte seine Schwester unter Tränen, „*ich hätte es mir denken können, dass er es war!*"

Aber ihr Bruder sprach weiter zu John und sagte: „Du darfst ihn nicht verurteilen, er hatte es nicht gewollt. Es war allein meine Schuld, ich wusste nicht, dass ich nicht mehr aufwachen würde. Aber glaube mir, es geht mir gut. Ich wollte nur heute unbedingt zu dir kommen, weil ich sehe, wie sehr du leidest und weil ich weiß, wie schlecht es dir geht. In deinem Umfeld sind mehrere Menschen, die nicht gut für dich sind und ich versuche ständig, sie von dir fernzuhalten."

Diese Aussage gab mir zu denken. Versuchen die Verstorbenen uns von gewissen Menschen zu befreien und mit anderen zusammen zu führen?

Sie gab zu, eine ganz schlimme Phase zu durchleben, wie schon anfangs von mir vermutet, sie weinte.

Ihr Bruder sagte durch John: „Du weinst immer, wenn ich in deiner Nähe bin! Spürst du nicht manchmal ein Kribbeln auf deiner Haut? Ich streichele dir immer über die Wange, wenn du traurig bist."

Sie weinte und nickte.

Ich saß genau hinter ihr und obwohl es bereits 21 Uhr war und durch das offene Fenster ein kühles Lüftchen wehte, wurde mir auf einmal ganz heiß. Es war eine Hitze, als wenn man im Winter durch die Eingangstüre eines stark beheizten Kaufhauses geht.

John sagte genau zwei Sekunden später, als ich diese extreme Wärme verspürte, „Ich soll dir von deinem Bruder ausrichten, er wird dich jetzt in eine ganz warme Decke einhüllen, kannst du die Wärme bereits spüren?"

Sie sagte: „Ja!" Aber nicht nur sie, sondern auch ich konnte diese Wärme fühlen, ich saß nur ein wenig hinter ihr. Es war ein ganz tolles Erlebnis und es gab mir wieder die Sicherheit, bzw. die **Gewissheit, dass unsere Verstorbenen immer bei uns sind. Wir verlieren uns nie aus den Augen.**

John ging dann erneut auf eine Dame zu und sagte: „Ich habe hier einen Verstorbenen, der sich unbedingt bei dir bedanken möchte."

„Wieso bei mir bedanken?", entgegnete sie.

„Da gab es einen Menschen, den du bis zum Tod begleitet hast, du warst eine der wenigen, die sich um ihn gekümmert hat, als er im Sterben lag. Alle anderen wollten nur das eine."

Dann wusste sie auf einmal, um wen es sich handelte, denn er gab immer mehr von sich preis. Dass er den Wald und die Natur liebte. Sie auf schnelle Autos stehe und dass er dem jüngsten ihrer Söhne sehr verbunden sei, denn er sei genau wie er, und liebt die Natur. Er würde ihn auch sehr oft besuchen, ob sie das stören würde? Falls ja, würde er diese Besuche einstellen.

„Nun weiß ich, warum der Kleinste fast täglich immer wieder von ihm redet", sagte sie.

„Ja, ich besuche ihn sehr oft", sagte er.

Ich war sehr fasziniert und doch ein wenig traurig, weil meine Freundin Petra bis jetzt noch nicht kontaktiert wurde und ich hatte es mir so sehr gewünscht, denn sie hatte gerade eine sehr traurige Phase erleben müssen und es hätte ihr sicher sehr gut getan, wenn ihre Omi Kontakt mit ihr aufnehmen würde. Aber es war trotzdem ein wunderschöner Abend und ich wusste, er würde bald vorüber sein, denn es ging bereits langsam auf 22 Uhr zu.

John sagte auf einmal: „Da ist noch eine Dame, eine ältere Dame, mit hochgestecktem Haar und mit Ohrringen. Kann sich jemand vorstellen, wer das ist?" Niemand konnte! „Diese Dame hat ein sehr forsches Auftreten, sie ist eine sehr feine Dame." Auf einmal sah ich, wie Petra ganz angespannt schaute und sich plötzlich ganz nach vorne auf ihre Stuhlkante setzte. „Diese Frau spricht nur Hochdeutsch, kann aber auch bayrisch und macht sich lustig über die hochdeutsche Sprache."

„Das ist meine Omi", rief Petra!

„Sie ist eine sehr korrekte Dame", sagt John, „sie mag keinerlei Ungerechtigkeit und konnte wunderbar backen."

„Ja, das ist sie!"

Sie erzählte uns, wie Petra früher beim Backen das ganze Mehl durch die Küche warf und sie ihr Backverbot erteilte.

„Sie ist immer bei dir, auch in der jetzigen schwirigen Zeit lässt sie dich nicht alleine. Aber es wird langsam besser werden. Ob du manchmal den wunderbaren Duft von frisch gebackenem Kuchen riechen würdest? Das ist die Art und Weise, wie sie sich bei dir bemerkbar machen möchte. Sie will nicht über ihren Tod reden, weil sie sehr gelitten hatte, Petra soll auch nicht mehr an diese Zeit zurück denken, sondern nur an die guten Zeiten, die sie mit ihr verbracht hatte. Jetzt könne sie wieder aufrecht stehen."

Petra bestätigte, dass sie oftmals den Duft von frisch gebackenem Kuchen riechen könne. Außerdem denkt sie sehr oft an die Zeit, als ihre Omi so schwer krank war.

Die Omi sagte, dass sie auch im Jenseits sehr viel bakken würde und zwar für ein ganzes Regiment, das hätte sich nicht geändert. Sie wisse auch, dass sie im Moment nicht viel zu lachen habe, aber das würde sich bald ändern.

Ich kann bestätigen, dass Petra in den letzten Wochen und Monaten sehr viel Leid widerfahren ist und es kann tatsächlich nur besser werden.

Dann sagte John: „Jetzt habe ich ein Problem, denn jetzt spricht sie Bayrisch, um zu beweisen, dass sie das besser kann." Ihre Enkelkinder waren nämlich aus dem Norden und sie aus Bayern. Aber sie kann auch sehr gut Hochdeutsch. Sie erzählte John, dass sie sehr religiös sei und immer viel gebetet habe. Sie sagte auch, dass es ihr sehr gut ginge auf der anderen Seite.

Petra war sehr glücklich und wir weinten beide.

Ein wunderbarer Tag ging für uns zu Ende. So viele Geheimnisse, die kein Mensch hätte wissen oder kennen können, wurden uns zuteil und zwar nur durch die Liebe der Verstorbenen, es ist die Liebe, welche die Seelen auch nach ihrem Abschied von uns noch in sich tragen. Sie lieben uns und das dürfen wir nie vergessen.

Versuchen auch Sie mit ihnen zu kommunizieren. Ich spreche fast täglich mit meinem Engel, meinem verstorbenen Vater meinen Großeltern und Freunden. In meinem Herzen sind sie immer bei mir, genau wie ich bei ihnen bin.

Nachdem die erste Gruppensitzung bei John alle meine Vorstellungen übertroffen hatte, ging ich acht Wochen später zu einem erneuten Treffen. Unter den Teilnehmern waren zwei Personen, die ich von der letzten Sitzung in Erinnerung hatte. John hatte noch immer nicht erfahren, dass der Grund meines Besuches mein Buch sei. Ich hätte nie erwartet, dass ich dieses Mal ebenfalls Besuch aus dem Jenseits erhalten würde.

Zu Beginn meditierte John mit uns, betete und bat die Verstorbenen zu uns zu kommen.

Als erstes meldete sich ein kleines Mädchen. Sie sagte: „Ich starb mit 12 Jahren, an Blutkrebs. Aber damals, bevor sie starb, hätte ihr niemand gesagt, dass sie bald sterben müsse, aber sie hätte es schon damals gewusst, dass sie ihre Rollschuhe im nächsten Jahr nicht mehr würde anziehen können. Aber niemand schien das Mädchen zu kennen. Sie aber blieb hartnäckig und wollte nicht gehen. Dann erinnerte sich eine Teilnehmerin, dass ihre Freundin ein Kind unter diesen Umständen verloren hatte und diese sei über den Tod des geliebten Kindes nie hinweg gekommen. „Du musst meiner Mami sagen, dass es mir gut geht", sagte das Mädchen und sie bedankte sich noch bei ihrer Mami, weil sie immer eine Kerze für sie in der Kirche aufstellen würde. Erst als sie sicher war, dass man wusste, wer sie tatsächlich war, zog sich das Mädchen wieder zurück.

John erklärte, dass es oft vorkommt, dass sich Menschen melden, die möchten, dass man ihren Angehörigen ausrichten solle, dass es ihnen auf der anderen Seite sehr gut ginge und dass sie dort glücklich sind. Er bat die Frau, ihrer Freundin, das Erlebte mit der verstorbenen Tochter ganz behutsam beizubringen.

Dann meldete sich ein Ehepaar, es waren die Eltern der Dame, die vor mir saß. Der Vater entschuldigte sich im Nachhinein bei seiner Tochter, weil er sie früher immer geschlagen hatte. Sie habe eigentlich keine Schläge verdient, denn sie war ein gutes Kind, aber auch er wurde als Kind von seinen Eltern immer geschlagen und er kannte es nicht anders. Für ihn waren Schläge ganz normal. Er zeigte auf seine Stiefel und sagte, dass er früher Soldat war und im Krieg gekämpft habe. Er hatte immer großen Wert darauf gelegt, dass seine Stiefel sauber geputzt waren. *Seine Tochter konnte dies alles bestätigen.* Er wollte sich heute bei allen Menschen entschuldigen, denen er weh getan hatte. Die Mutter, die neben ihm stand, erzählte, dass sie früher immer versuchte Streit zu schlichten. „Jetzt wo wir gemeinsam im Jenseits sind, gibt er mir auch mal Recht, was vorher auf der Erde nie vorkam."

Zu diesem Zeitpunkt hatte ich mich bereits damit abgefunden, dass bei diesen Treffen mit so vielen Leuten keine verstorbene Seele zu mir kommen würde, aber es belastete mich nicht, denn ich hatte ja für den 15. Oktober 2004 eine Einzelsitzung bei John eingeplant. Und einen geliebten Menschen aus dem Jenseits kann man ja nicht bestellen, sie kommen dann zu uns, wenn sie es wollen, nicht wenn wir es wünschen.

John fragte: „Wer kennt einen Mann, der sehr krank war und bedingt durch seine Krankheit hat er einen ganz dicken, aufgedunsenen Kopf?" „Das ist mein Vater", rief ein Mann in der letzten Reihe. „Du wolltest heute nicht kommen, sagt dein Vater! Du glaubst diesen ganzen Quatsch nicht! Ist das richtig?", wollte John wissen. *Der Mann bestätigte uns, dass er an diesem Abend tatsächlich nicht kommen wollte, denn er glaube an so etwas nicht.* „Gut, dass dein Vater das weiß und es uns gesagt hat. Du versuchst seit seinem Tod immer die Familie zusammen zu halten. Es wird dir aber nicht gelingen, denn einige von ihnen sind Idioten und du sollst deine Energie für andere Sachen einsetzten und dich nicht mit ihnen herum ärgern. Es gibt Wichtigeres im Leben."

Er und seine Frau bestätigten die Aussage des Vaters. Es gab Probleme innerhalb der Familie seit dem Tod des Vaters und er (sein Sohn) versuchte immer die Familie zu einen, was ihm aber nicht gelang.

Plötzlich trat John auf mich zu und sagte: „Hier ist eine junge Frau und sie will unbedingt zu dir. Sie hat lange, blonde Haare wie du und ihr seid euch beide sehr ähnlich. Im Aussehen wie im Wesen." *„Das kann nur meine Freundin sein", sagte ich.* „Sie will dir sagen, an dem Tag, an dem sie starb hat sie sehr viel Blut verloren. Kannst Du damit etwas anfangen?" *Ich sagte ihm, dass sie bei einer Fettabsaugung vor 25 Jahren verstorben sei. Sie muss bei der Operation verblutet sein, denn ich habe nie genau erfahren wie sich alles zugetragen hatte.* „Aber sie war nicht dick", sagte John, „sondern sehr schlank, aber sehr eitel, sie wollte nur ein paar kleine Korrekturen vornehmen lassen. Sie will dir noch sagen, dass sie spüren konnte, wie du gelitten hast, als du von ihrem Tod erfahren hast. Du hast den Schmerz vom Herzen bis zum Magen gespürt" *und John zeigte mir genau, wie mein Schmerz damals verlief und es war genau richtig, meine Freundin hatte es ihm gezeigt. Das* *heißt, dass die Verstorbenen unseren Schmerz und unsere Gefühle wahrnehmen können. Das deckt sich auch mit dem, was die Frau in der Fliege-Sendung gesagt hatte: „Ich spürte, dass es meinem Sohn nicht gut ging, ich konnte seinen Schmerz fühlen."* Dann sagte sie auf Englisch zu John (Linda war Südafrikanerin): „We were like two peas in a pod" (wir waren wie zwei Erbsen in einer Schote). *Treffender konnte sie es nicht ausdrücken, sie wollte sagen, wir waren uns so ähnlich. Das klang genau wie Linda.* Plötzlich kam John näher zu mir und sagte: „Schade, du hast eine lange Hose an, denn sie sagt, du hast sehr schöne Beine."

Innerlich war ich sehr gerührt, denn was John nicht wusste und ich an diesem Abend auch niemandem sagen wollte, aber nur Linda wissen konnte, war die Tatsache, dass ich immer Hosen trug, denn ich hasste meine dicken Knie und ich finde meine Beine hässlich. Ich wollte mir an den Beinen, genau wie meine Freundin Linda, Fett absaugen lassen. Wollte mir Linda nur sagen, mach es nicht, sie wäre noch hier und hätte nicht sterben müssen, wenn sie sich die Fettabsaugung nicht hätte machen lassen? Linda wusste zu Lebzeiten nicht, dass ich mir eine Fettabsaugung machen lassen wollte, denn zu dieser Zeit steckte das Ganze noch in den Kinderschuhen. Aber das zeigt uns, dass die Jenseitigen unsere Gedanken verstehen. Das mit der Fettabsaugung spielte sich ja ausschließlich nur in meinen Gedanken ab.

Linda sagte, dass es ihr nicht gefällt, dass ich in letzter Zeit immer so traurig bin, wir beide hätten doch immer so viel zusammen gelacht. Es wäre damals ihre Aufgabe gewesen, mir Freude zu schenken und sie hätte ihren Auftrag auf dieser Welt erfüllt. Sie erzählte von den wunderbaren weißen, langen, leeren Sandstränden am blauen Meer. Aber trotz der Einsamkeit an den Stränden sei sie noch immer sehr gerne mit Menschen zusammen und liebe es noch wie früher, von anderen bewundert zu werden. „Du musst wieder glücklich werden. Es gibt Menschen in deinem Umfeld, die freuen sich, wenn es dir schlecht geht und du traurig bist, lache sie einfach an, auch wenn es dir schlecht geht, zeige es ihnen nicht, denn dann ärgern sie sich. Wenn du wieder traurig bist, geh los und kauf dir ein Kleid. Außerdem schreibst du sehr viel und ständig suchst du Dinge, ich muss mich immer über dich amüsieren." (*Linda hat Recht, ich suche ständig etwas. Besonders, wenn ich etwas ganz besonders Wichtiges verlege, finde ich es höchstens durch einen Zufall wieder*).

John beschrieb meine Freundin als eine lustige, freundliche, liebe, sehr hübsche und sehr quirlige Person. Besser hätte ich sie auch nicht beschreiben können.

Bis zu dem heutigen Tag hätte ich nicht geglaubt, dass ich Ihnen von meiner verstorbenen Freundin Linda Flynn aus Südafrika in meinem Buch berichten würde. Aber der Abend bei John hat mich dazu veranlasst. Meine Meinung war, dass immer nur verstorbene Familienmitglieder ihre Angehörigen besuchen, aber ich wurde eines Besseren belehrt.

Ich lernte Linda im Bürgerspark - Hotel in Pretoria, Südafrika kennen. Sie war ein ganz besonderer Mensch. Jeder der sie sah, musste sie sofort mögen. Sie betrat einen Raum und man glaubte die Sonne ginge auf. Vom Aussehen und Charakter her waren wir wie Geschwister. Heute würde ich sagen, wir waren verwandte Seelen und versprühten beide eine enorme Lebensfreude. Linda war immer froh, glücklich und gut gelaunt. Bei ihr gab es nichts Negatives, alles an ihr war positive Energie (genau wie John sie an diesem Abend darstellte). Ob die Menschen arm oder reich waren, für Linda machte das keinen Unterschied, im Gegenteil, sie war immer die Gebende. Sie ist in einer sehr reichen Familie aufgewachsen und ich kann mich noch gut daran erinnern, dass sie sehr viel für arme Menschen tat. Und in Südafrika gibt es sehr viele. Trotz des damaligen Rassenproblems war für Linda jede Hautfarbe gleich.

Als ich wieder nach Deutschland ging, hat sie mir in ihrem letzten Brief mitgeteilt, dass sie mich bald in Kempten besuchen käme. Über diese Nachricht war ich richtig glücklich. Aber von heute auf morgen hörte ich nichts mehr von Linda. Weder telefonisch noch brieflich gelang es mir mit ihr Kontakt aufzunehmen. Im Innersten meines Herzens wusste ich, es musste etwas Schreckliches passiert sein.

Dann fuhr ich nach Hinterbrühl bei Wien, um von der Mutter eines ehemaligen Freundes aus Südafrika zu erfahren, was mit Linda passiert war. Denn sie besuchte ihren Sohn jedes Jahr. Als wir uns über Südafrika unterhielten, erzählte ich ihr auch, dass mich meine Freundin Linda besuchen kommen wollte, ich aber leider nichts mehr von ihr gehört hätte. Frau Brandl schaute mich an und sagte mit trauriger Stimme: „Die sympathische Zahnarzttochter Linda wirst du leider nie mehr sehen können, denn sie ist kürzlich bei einer Fettabsaugung in Südafrika verstorben." In diesem Moment hatte ich das Gefühl sterben zu müssen. Mir wurde übel, der Schmerz fing am Herzen an und endete in der Magengegend. Noch nie in meinem Leben hatte ich so einen furchtbaren Schmerz verspürt. Ich habe sehr viel geweint und konnte nächtelang nicht schlafen. Linda war ein so wertvoller Mensch und noch viel zu jung um zu sterben. Deshalb schrieb ich viele Jahre später ein Buch über das Thema: „Schönheitsoperationen." Mit diesem Buch wollte ich den Leuten klarmachen, dass jede Schönheitsoperation auch große Risiken mit sich bringt und erkläre in dem Buch, wie man die Risiken einer OP minimieren kann. Mehr konnte ich nicht mehr für meine Freundin Linda tun.

Einzelsitzung bei John Olford

Auf diesen Tag hatte ich mich schon sehr lange gefreut, denn ich wusste, dass ich das Buch bald drucken lassen würde und wie ich bei dieser Sitzung erfuhr, erwarten es die Jenseitigen bereits mit Ungeduld.

Einen Tag vorher lag ich am Abend auf der Couch und machte mir Gedanken, wie es einem Medium gelingt, all diese Dinge zu sehen und zu erfahren. Der Fernseher lief und wie aus dem Nichts sah ich auf dem Bildschirm das Gesicht einer Frau. Sie hatte lange schwarze Haare und große dunkelbraune Augen. Sie sagte nichts, sondern schaute mich nur eine Zeitlang an. Zuerst machte ich mir Gedanken, ob ich die Geister, die ich rief nun nicht mehr loswerde, aber dann fiel mir im Nachhinein ein, dass ich mich gefragt hatte, wie John das wahrnimmt. Es war sicher ein Zeichen aus der geistigen Welt und eine Hilfe für ein besseres Verständnis.

John erklärte mir nochmals seine Arbeit und wollte wissen, was für mich wichtig sei. Er würde auch als Heiler arbeiten. Ich hatte ihm noch immer nichts von meinem Buch erzählt und wollte abwarten, was bei dieser Einzelsitzung alles noch heraus käme. Ich sagte ihm, dass ich gerne mit meinem Vater reden möchte, sofern dies möglich sei. *Anschließend, wollte ich ihm dann auch sagen, warum ich in letzter Zeit seinen Sitzungen regelmäßige Besuche abstattete.*

John sprach ein Gebet und bat nur positive geistige Wesen zu dieser Sitzung zu kommen. *Was für mich ideal war er wollte das ganze Gespräch auf Kassette aufnehmen, so brauchte ich diese nur abzuhören um alles für Sie aufzuschreiben. Der Text, den Sie jetzt lesen, stammt von der Kassette, so wie sie aufgenommen wurde. Die Sätze sind kurz aber sehr gut verständlich. Sie wurden von mir weder verändert noch ausgeschmückt, denn auch ich bin ein kritischer Mensch und neige nicht dazu, Dinge zu beschönigen oder sofort zu glauben.*

John bat meinen Vater zu kommen, aber dieser zeigte sich nicht. Dann beschrieb er eine männliche Energie, er sei etwas älter und John erklärte mir ganz genau wie dieser gekleidet war. „Er liebt es bequem", sagte er. „Die Ärmel seines Hemdes sind hochgekrempelt und er trägt eine offene Wollweste darüber."

Unter den Verstorbenen, die ich kannte, gab es nur einen Menschen, der so gekleidet war, (es war sein Markenzeichen) es war der Lebensgefährte (35 Jahre lang) meiner Mutter. „Aber dein Schutzgeist ist auch dabei, er steht genau hinter ihm. Er hat sich sehr bemüht zu kommen. Er hat einen angenehmen, gemütlichen Charakter. Er ist kein Handwerker, denn er hat zu weiche Hände. (*Er ist Musiker*). Er hat lachende Augen und strahlt eine Ruhe aus, er ist nicht hektisch. Er braucht Ruhe, denn er ist sehr sensibel, Streit bringt ihn aus dem Gleichgewicht. Er hat früher immer geschlichtet, wenn sich jemand gestritten hatte. Er ist nicht mit dir verwandt, sagte John. Der Grund warum er kommt ist, er hat dich sehr gut verstanden und er hat deine Sensibilität gesehen." *Ich weiß jetzt allerdings nicht genau, was mit dem Wort Sensibilität gemeint war. Sensibel in dem Sinn empfindlich zu sein oder Sensibilität im Sinne Überirdisches wahrzunehmen.* „Er kommt mit angenehmen Gefühlen und er hat dich sehr lieb. Es tut ihm sehr leid wegen deiner Mutter. Er konnte sie nicht heiraten, er hätte sie gerne geheiratet, denn es hätte ihr Leben viel einfacher gemacht. Manche Wunden gehen sehr tief und er habe deine Mutter sehr verletzt."

(Er lebte 35 Jahre mit meiner Mutter, hat sich aber von seiner ersten Frau nie scheiden lassen. In einem Testament verfügte er, dass meine Mutter die Hälfte der Rente bekommt, aber seine Frau wollte das natürlich nicht, meine Mutter ging leer aus).

„Er bewundert deine Mutter, sie hat ein wunderbares Herz und deshalb wird sie leicht verletzt. Er freut sich, dass sie nicht aufgehört hat, ihr Herz gegenüber anderen Menschen zu öffnen. Er besucht sie meistens, wenn sie singt und am Klavier spielt, dann gibt er deiner Mutter immer ein Bussi. Sie muss sich keine Sorgen machen, denn er kommt freiwillig, um sie zu besuchen, er hat kein Problem damit."

„Er sagt, du befindest dich in einem sehr unruhigen Lebensstadium." John fragt: „Warum?" Ich hätte immer versucht meine Sensibilität zu verbergen, aber ich könne sie nicht ignorieren. Sie sei keine Schwäche, sondern ein Geschenk, das nicht jeder Mensch hat. Er könne meine Gedanken wahrnehmen und er sehe eine unheimliche Unruhe in mir. Ich wüsste, es kann so nicht mehr weitergehen und ich mache mir ständig Gedanken. Ich solle nicht vor mir selbst Angst haben, denn die Sensibilität gehört zu mir und ich solle lernen, damit umzugehen.

Ich nehme nun an, dass es um die Dinge geht, die ich in letzter Zeit erlebe. Denn oftmals wenn ich diese übersinnlichen Erlebnisse habe, frage ich mich immer, was denken die Leute von mir, wenn ich ihnen das eine oder andere davon erzähle. Es beunruhigt mich zum Teil und ich behalte sehr viel für mich. Wenn ich anfange zu erzählen, werde ich belächelt.

„Aber du hast genug Weisheit es zu verstehen und zu wissen, es muss einen Grund dafür geben. Es wird immer präsenter in deinem Leben. Bevor du dich inkarniert hast, hattest du dir bestimmte Sachen vorgenommen und es ist jetzt an der Zeit damit anzufangen."

Den Grund sehe ich eigentlich in dem Buch, um anderen zu helfen und ich hoffe, ich schätze meine Fähigkeiten richtig ein. Meint er, es ist Zeit, das Buch endlich zu veröffentlichen?

„Was zum Beispiel", fragte ihn John? „Vom Charakter hast du sehr viel Ähnlichkeit mit deiner Mutter, sie hat ein sehr gutes Herz und will immer helfen, meistens innerhalb der Familie, aber du willst am liebsten der ganzen Welt helfen. Du kannst es auch, wenn du willst, denn die aus der geistigen Welt stehen alle Gewehr bei Fuß. Was ist passiert in den letzten drei Monaten", fragt mich John, „denn er redet immer vom letzten Vierteljahr? Die in der geistigen Welt fragen bereits, wann geht es endlich los? Er sagt über dich und deine Spiritualität redest du nicht sehr viel und es wird Zeit dich zu outen. Er zeigt mir Karten und sagt, die Karten seien bereits gemischt. Eine Zeitlang hat man deine Karten gemischt aber jetzt werden sie gelegt. Ich würde es verstehen", sagte er zu John. „Es ist deine Entscheidung ob du eine Karte ziehst und in welcher Reihenfolge, aber es sind schöne Karten. Du kannst auch deine Gefühle wahrnehmen und kannst sie auch mit Abstand betrachten."

Ich verstehe es so, als ob wir vor unserem Schicksal nicht davon laufen können, alles steht bereits fest. (Die Karten sind bereits gemischt). *Vielleicht wissen sie in der geistigen Welt, dass ich mich immer wieder zurück-*

halte, denn seit drei Monaten will ich mein Buch eigentlich drucken lassen, aber es kommt immer etwas dazwischen. Wie z.B. die Termine bei John. Ich bekam den Termin erst so spät und ich wollte diese Sitzung noch unbedingt in diesem Buch beschreiben und ich bin sicher, das Warten hat sich gelohnt. Ich hoffe, die aus der geistigen Welt, die mich beim Schreiben unterstützt haben werden mir verzeihen, weil ich sie so lange warten ließ. Ich habe auch Angst, dass man mich für verrückt hält. So etwas passiert in der heutigen Zeit ja recht schnell.

„In deinem Leben herrscht zurzeit eine Mischung aus Traurigkeit und Enttäuschung. Es hat mit einem Mann in deiner Beziehung zu tun. Auf der einen Seite hättest du die Fähigkeit es emotional zu erleben, auf der anderen Seite tut es weh. Die meisten Menschen würden bei dem was du derzeit erlebst in ein tiefes Loch fallen und leiden, aber das ist nicht deine Art in Selbstmitleid zu verfallen. Parallel betrachtest du dich selbst und sagst, das ist so, was soll oder muss ich daraus lernen? Die wenigsten Menschen haben diese Weisheit oder diese Fähigkeit, so etwas mit Abstand zu betrachten, wenn es um sie selber geht. Oft können sie es bei anderen, aber die wenigsten können es selber tun. Es tut so oder so dem emotionalen Körper weh, aber deine Seele ist weise genug zu wissen, es gehört dazu, du musst etwas davon lernen. Vergiss bitte nicht, von Menschen wird man immer wieder enttäuscht sein, sie sind nicht vollkommen, deshalb sind sie Menschen. Sei nicht überrascht, wenn du immer wieder enttäuscht wirst, ein Mensch kann kein Engel oder Gott sein, deshalb sind sie hier auf der Erde. Wenn ich nicht mehr enttäuscht sein will, dann muss ich mich auf Gott verlassen, er wird dich nicht enttäuschen, denn Gott ist vollkommen. Aber es ist egal, was du dir für einen Namen für Gott ausgesucht hast."

Ich glaube immer daran, dass wir uns auch in schwierigen Situationen nicht aus dem Staub machen dürfen. Es ist unser Schicksal und wir sind hier, um es zu meistern. Wir werden durch die Schicksalsschläge und sind sie noch so groß und schlimm vom Lehrling zum Meister. Deshalb habe ich mein ganzes Leben, und war es noch so schwer, niemals als eine Strafe gesehen, sondern immer als eine Prüfung, die ich meistern musste. Es gab Menschen, mit denen ich zusammen kam, die mich kräftemäßig total überfordert und heruntergezogen haben, aber ich bin und werde niemals weglaufen. Aber ich möchte dieses Leben, wie ich es bereits gelebt habe, nicht wieder leben müssen, denn es war sehr, sehr hart. Obwohl es auf den ersten Blick nicht so aussieht.

„Er sagt, du hast heilende Hände, deine Art und Weise anderen Menschen zu helfen sei sehr sanft. John solle meine schönen Hände anschauen. Aber der Hauptgrund, warum ich mich für die Arbeit eines Mediums interessiere, sei nicht wie bei den meisten Menschen, diese wollen mit Oma und Opa Kontakt haben aber bei dir stecke eine andere Absicht dahinter. (*Ich bat ihn, mich nicht zu verraten*). Du möchtest besser verstehen wie das geht und zwar um anderen Menschen helfen zu können." Er lächelte und sagte zu John: „Mehr sag ich nicht darüber!" John sagte: „Als ob es ein Geheimnis zwischen euch gäbe, er meint noch, du weißt um was es geht."

Hier muss ich abbrechen, denn alles was jetzt in der Sitzung noch zur Sprache kam ist viel zu privat, um es hier zu veröffentlichen.

Ich bin froh, dass ich John kennenlernen durfte, denn er ist für mich ein Bindeglied zu den Menschen, die ich liebe (in der jenseitigen Welt), geworden. Nun weiß ich auch, dass es den Menschen, die bereits von uns gegangen sind, gut geht.

Engel Michael

Schlusswort

Meine Freundin Elvira war mit daran beteiligt, dass ich dieses Buch, das bereits seit langer Zeit in meinem Computer schlummerte nun doch veröffentliche. Sie fragte mich kürzlich bei einem Telefonat, ob ich nicht wieder ein Buch schreiben möchte? Nach dieser Bemerkung erzählte ich ihr, dass es bereits ein Buch gibt, ich aber nicht den Mut hätte es zu veröffentlichen, denn es könnte leicht sein, dass ein paar Leute, wenn sie es lesen, anfangen würden an meinem Verstand zu zweifeln. „Schicke mir das Manuskript doch einfach mal zu, ich will es unbedingt lesen", entgegnete Elvira am Telefon. Sofort druckte ich alles am Computer aus und schickte es ihr zu.

Zwei Tage später rief mich Elvira an und sagte: „Du musst das Buch veröffentlichen, denn ich konnte es nicht mehr aus der Hand legen!" Das Erste was ich sie fragte war: „Bist du sicher, glaubst du mir auch, was ich da geschrieben habe?" „Aber natürlich glaube ich dir", sagte sie! „Meine Freundin ist auch schon mit mir im Auto mitgefahren", sagte Elvira etwas zaghaft. „Da ist ja nichts dabei", entgegnete ich. „Oh doch", sagte Elvira, „denn meine Freundin ist bereits seit vielen Jahren tot." Und Elvira fing an zu erzählen, wie sie morgens zur Arbeit fuhr und ganz plötzlich ihre verstorbene Freundin neben ihr im Auto saß. Sie erzählte mir, wie sie sich mit ihr unterhalten hat aber genau so schnell wie sie kam, war sie auch wieder vom Beifahrersitz verschwunden. Das Seltsame war, Elvira hatte keine Angst, sondern es war ein Glücksgefühl, das sie überkam. Es war wunderbar zu wissen, dass ihre Freundin noch auf einer anderen Ebene existiert und dass auch wir uns eines Tages auf dieser Ebene alle wiederfinden werden. **Nichts ist vergänglich!** Nun konnte ich mich auch wieder erinnern, wie mir Elvira vor Jahren von ihrem plötzlichen Tod erzählte und wie schlimm es für sie war, dieses Erlebnis zu verarbeiten. Bei unserem Gespräch am Telefon, das Stunden dauerte, kam viel mehr zur Sprache, als ich jemals vermutet hätte. Unter anderem auch, dass sie häufiger Kontakt zu ihrer verstorbenen Großmutter hätte, bei der sie einen Großteil ihrer Kindheit verbracht hatte. Ihre Omi war immer wie eine Ersatzmutter für sie.

Dann berichtete mir Elvira von ihrer Mutter, die fast am Tod ihres geliebten Mannes zerbrochen wäre, hätte er ihr nicht eine Nachricht aus dem Jenseits geschickt. Erst dieses Erlebnis hat sie wieder ins Leben zurückgeholt. Ihre Mutter erkrankte nach seinem Tod an einer sehr schweren Depression. Viele Jahre konnte sie nicht mehr lachen und fröhlich sein. Sie ging nicht mehr weg und lebte nur noch in der Vergangenheit und mit den Erinnerungen an ihren verstorbenen Mann. Bis zu dem Tag, als sie wie immer traurig im Wohnzimmer saß, und sich eine CD anhörte, die ihr beider Lieblingslied war. In Gedanken war sie bei ihm und sie dachte daran, wie endgültig doch die Trennung war und wie schmerzhaft sein Tod. Plötzlich hörte sie auf der CD seine Stimme, die zu ihr sprach, sie beruhigte und sie aufforderte, wieder glücklich zu werden.

Ich fragte Elvira, warum sie mir nie davon erzählt hatte? Sie antwortete: „Aus dem gleichen Grund, warum du dein Buch nicht veröffentlichen möchtest! Wir haben alle Angst, über dieses Thema zu reden, weil jeder glaubt, man würde uns für verrückt oder geisteskrank halten. Dabei gibt es so viele Menschen, die froh wären, wenn Sie mit Ihren Erfahrungen und Erlebnissen, die sie mit den Verstorbenen gemacht haben nicht alleine wären und sich mit anderen Menschen austauschen könnten." Ihre letzten Worte bei diesem Telefonat waren: „Du musst das Buch unbedingt veröffentlichen!"

Unser Ziel ist: das Ewige Leben bei Gott und ein Wiedersehen mit den Menschen, die wir lieben!

Ich hoffe, dass ich Ihnen mit diesem Buch ein wenig helfen konnte. Sie, die Sie in Trauer sind und um einen geliebten Menschen weinen, den Sie verloren haben oder vielleicht auch Menschen, die ein schweres Schicksal zu ertragen haben. Sehen Sie Ihr Schicksal nicht als Strafe, sondern als Prüfung an, um in ein besseres und schöneres Leben aufzusteigen. Denken Sie an die Ebenen bei Gott, nicht an die Ebene bei den Menschen. Denn Menschen auf dieser Welt können sehr ungerecht, herzlos und unfair sein. Der wahre Lohn wird Ihnen bzw. uns erst dann zuteil, wenn wir uns von dieser schweren Last, unserem Körper befreit haben.

Vergessen Sie niemals, Liebe ist der Motor der Seele in der diesseitigen, wie in der jenseitigen Welt. Wenn wir Liebe in uns tragen und andere glücklich machen, werden auch wir glücklich und für immer das Licht schauen. Die Ewigkeit ist so nah, näher als wir glauben. Wir sind nur hier, um unser Ziel zu erreichen. Unser Ziel heißt, dass "Ewige Leben" bei Gott und mit den Menschen, die wir lieben!

Noch viele Wunder werden und müssen geschehen, um die Menschen zum wahren Glauben zu führen. Gott, seine Mutter, sein Sohn, der heilige Geist und die Engel werden unermüdlich daran arbeiten, aus uns bessere Menschen zu machen. Wir müssen nur an sie glauben und auch Wunder annehmen und erkennen.

Selig, die nicht sehen und doch glauben. Und der Lohn ist nicht auf dieser Welt, heißt es bereits in der Bibel.

Man sollte auch in schlechten Zeiten positiv denken und dankbar sein, denn diese Einstellung kann viel zum Positiven lenken. Jede Situation im Leben und sei sie in unseren Augen auch noch so traurig macht uns stärker und gibt uns mehr Kraft.

Worte aus der Heiligen Schrift, die mich besonders bewegen.

„Die Liebe ist langmütig und gütig. Die Liebe ist nicht eifersüchtig, sie prahlt nicht, bläht sich nicht auf, benimmt sich nicht unanständig, blickt nicht nach ihren eigenen Interessen aus, lässt sich nicht aufreizen. Sie rechnet das Böse nicht an, sie freut sich nicht über Ungerechtigkeit, sondern freut sich mit der Wahrheit. Sie erträgt alles, glaubt alles, hofft alles, erduldet alles."

„Nun aber bleiben Glaube, Hoffnung und Liebe, diese drei, aber die größte von diesen ist die Liebe."

„Und er wird jede Träne von ihren Augen abwischen und der Tod wird nicht mehr sein, noch wird Trauer, noch Geschrei, noch Schmerz mehr sein. Die früheren Dinge sind vergangen."

Es gibt kein Buch auf dieser Welt, das so viel Wahrheit enthält und so viel Trost spendet wie die Bibel. In diesem Buch wird alles gesagt, was für einen Menschen und sein Leben wichtig ist. Und das oberste und wichtigste Gebot ist die Liebe zu unserem Partner, unseren Kindern, Eltern, Großeltern, Freunden, Bekannten, Kollegen, der Natur und den Tieren. Wir bilden alle eine Einheit in dem großen Universum der Liebe, das uns von Gott geschenkt wurde. Die Bibel ist nicht nur für das Diesseits, sondern für die Ewigkeit.

„Mit Gott ist nichts unmöglich!"

„Wer zu mir kommt, den werde ich nicht abweisen!"

Wenn auch Sie etwas erlebt haben, das sich zwischen Himmel und Erde abgespielt hat, dann schreiben Sie mir bitte und ich werde es in meinem nächsten Buch (sofern die Leser es annehmen) veröffentlichen.

Inhaltsverzeichnis

Engel und die Verstorbenen
sind unter uns! 2
Vorwort 3
Was bin ich für ein Mensch? 9
Gibt es ein Leben nach dem Tod? 16
Mein Leben im Ausland 19
Letzter Besuch meines Vaters vor
seiner schweren Krankheit 20
Unser Vater verabschiedet sich von mir 31
Der Tod ist keine Strafe
sondern Erlösung 34
Wo war Gott am 11. September 2001? 37
Verstorbene suchen den
Kontakt zu uns 41
Der Schmetterling und der Spatz
Zufall oder ein Zeichen? 48
Mein Engel ist mein bester Freund! 50
Die heilende und helfende Medaille der Gottesmutter 59
Die geschenkte Rose 65
Woran glauben andere Religionen? 67
Der Buddhismus 70
Das Christentum 72
Hinduismus 75
Islam 77
Judentum 79
Sterben ist schön - Nahtodeserfahrungen 81
Was kann Trauer bewirken? 97
Spiritisten und Medium 101
Astralreisen 103
Geistheilen 109
Gläserrücken 110
Verstorbene auf Fotos 112

Hellsehen 114
Zurück in ein früheres Leben
durch Hypnose 119
Woher kannte ich dieses Bild? 121
Wie verkraftet ein Kind den
Tod eines geliebten Menschen? 124
Das zerbrochene Glas am Kamin 126
Was kann das bedeuten? 134
Wo können uns Engel begegnen? 136
Warnung und Schutz
durch Engel und Verstorbene 140
Dürfen wir uns das Leben nehmen? 154
Seelen die keine Ruhe finden! 156
Das Leben ist nicht einfach 158
Unerklärliches aus dem
Reich der Verstorbenen 161
Wunder und Erscheinungen gibt es,
seit unsere Welt besteht 164
Vorahnungen - der 7. Sinn 169
Wie können sich die Verstorbenen
bei uns bemerkbar machen? 176
Mein Besuch bei einem Medium 180
Gruppensitzung bei einem Medium 199
Einzelsitzung bei John Olford 213
Schlusswort 220
Unser Ziel ist: das Ewige Leben bei Gott
und ein Wiedersehen mit den Menschen,
die wir lieben! 222

Layout: Sabrina Scherber, Memmingen,
Tel. 08331-640 92 89
Mediendesign and services, www.sasch-design.net

Umschlaggestaltung: Göbel Florian, Würzburg
Lektorat: Ch. Mayer

Druck: Format GmbH, Jena
3. Auflage 2013

Copyright: Marlene Toussaint
Alle Rechte vorbehalten, insbesondere die der Übersetzung
und des Nachdrucks

Dieses Buch ist direkt beim Vertrieb oder bei allen Buchhandlungen auf Bestellung erhältlich.

Im Mato-Verlag erschienen sind die Bücher:

Südafrika schön und preiswert
ISBN 978-3-927003-23-1, Euro 15.-

Namibia schön und preiswert mit Kapstadt, Wein- und Gartenroute,
ISBN 978-3-927003-29-3, Euro 15.-

Arbeitslosigkeit Glück oder Unglück?
ISBN 978-3-936795-93-6, Euro 7,50

Schönheitsoperationen:
Vom hässlichen Entchen zum schönen Schwan
ISBN 978-3-936795-96-7, Euro 11,90

Piloten küsst man nicht! - Roman
ISBN 978-3-936795-99-8, Euro 12,90

Seid nicht traurig, wir leben weiter
ISBN 978-3-936795-57-8, Euro 12,90

Engel und die Verstorbenen sind unter uns
ISBN 978-3-936795-98-1, Euro 12,90

Phänomene und Kraft aus dem Jenseits
ISBN 978-3-936795-92-9, Euro 12,90

Engel und die Jenseitigen lieben uns
ISBN 978-3-936795-91-2, Euro 12,90

Erlebnisse mit Engeln und Verstorbenen
ISBN 978-3-936795-58-5, Euro 12,90

Das Jenseits ist kein Ort zum Schlafen
ISBN 978-3-936795-56-1, Euro 12,90